Jürgen Hauser

Networking für Verkäufer

Mehr Umsatz durch neue
und wertvolle Kontakte

2., ergänzte Auflage

Bibliografische Information Der Deutschen Bibliothek
Die Deutsche Bibliothek verzeichnet diese Publikation in der Deutschen
Nationalbibliografie; detaillierte bibliografische Daten sind im Internet über
<http://dnb.ddb.de> abrufbar.

Das Buch erschien in der 1. Auflage unter dem Titel „Kontrakte durch Kontakte".

1. Auflage 2002
2. Auflage 2005

Alle Rechte vorbehalten
© Betriebswirtschaftlicher Verlag Dr. Th. Gabler/GWV Fachverlage GmbH,
Wiesbaden 2005

Lektorat: Margit Schlomski

Der Gabler Verlag ist ein Unternehmen von Springer Science+Business Media.
www.gabler.de

Das Werk einschließlich aller seiner Teile ist urheberrechtlich geschützt. Jede Verwertung außerhalb der engen Grenzen des Urheberrechtsgesetzes ist ohne Zustimmung des Verlags unzulässig und strafbar. Das gilt insbesondere für Vervielfältigungen, Übersetzungen, Mikroverfilmungen und die Einspeicherung und Verarbeitung in elektronischen Systemen.

Die Wiedergabe von Gebrauchsnamen, Handelsnamen, Warenbezeichnungen usw. in diesem Werk berechtigt auch ohne besondere Kennzeichnung nicht zu der Annahme, dass solche Namen im Sinne der Warenzeichen- und Markenschutz-Gesetzgebung als frei zu betrachten wären und daher von jedermann benutzt werden dürften.

Umschlaggestaltung: Nina Faber de.sign, Wiesbaden
Satz: Fotosatz-Service Köhler GmbH, Würzburg
Druck und buchbinderische Verarbeitung: Wilhelm & Adam, Heusenstamm
Gedruckt auf säurefreiem und chlorfrei gebleichtem Papier
Printed in Germany

ISBN 3-8349-0071-0

Für Pia und Marius

– mein Netz ohne Webfehler –

Vorwort

Kennen Sie auch solche Äußerungen wie: „Wenn ich dessen Kontakte hätte, wäre mir das auch gelungen"? Solche Sätze sagt oder hört man vor allem dann, wenn Mitbewerber den Zuschlag für einen Auftrag oder eine Stelle erhalten haben, um den bzw. die sich ein Bekannter oder man selbst ebenfalls beworben hat. Mit dem Vorurteil, dass „Vitamin B" etwas ist, was man hat oder was einem mitgegeben wird, räumt das Buch von Jürgen Hauser konsequent auf. Es verdeutlicht, dass gute Beziehungen im beruflichen, aber auch im privaten Umfeld etwas sind, das man sich gezielt erarbeiten kann und sollte; denn sie sind eine zentrale Voraussetzung für beruflichen beziehungsweise wirtschaftlichen Erfolg. Gute Beziehungen werden in diesem Buch allerdings auch noch anders verstanden als nur in dem Sinne, möglichst viele Kontakte zu den „richtigen" Leuten aufzubauen. Es geht auch um den Aufbau qualitativ guter Beziehungen, die getragen sind durch Vertrauen und gegenseitige Wertschätzung. Dieser – beim Networking oftmals vernachlässigte – Aspekt ist eine zentrale Säule für den beruflichen Erfolg, insbesondere, wenn man im Verkauf tätig ist. Qualitativ gute Beziehungen sind eine Basis für gute Zusammenarbeit mit Kunden, Kollegen und anderen Geschäftspartnern und somit eine, wenn nicht „die" Quelle für motiviertes und zufrieden stellendes Arbeiten.

Was empfiehlt nun Jürgen Hauser, damit diese Ziele erreicht werden? Der Autor macht überzeugend klar, dass Networking nicht nur eine Technik ist, die man geschickt für seine Interessen einsetzt. Es erfordert vielmehr den ganzen Menschen, das heißt, man muss nicht nur an seinem Verhalten arbeiten, sondern auch an seinen Einstellungen und Wertschätzungen, um erfolgreich Beziehungen zu knüpfen. Dazu gehört beispielsweise die Fähigkeit und Bereitschaft zur Offenheit, Freundlichkeit, Neugier, aber auch Frustrationstoleranz und Geduld im Umgang mit anderen. Und in diesem Zusammenhang ist vor allem eins wichtig: dass Beziehungsmanagement erst einmal mehr Geben erfordert als Nehmen.

Neben der Behandlung solcher grundsätzlichen Aspekte enthält das Buch auch eine Fülle von konkreten Tipps und Beispielen, wie man erfolgreiches Networking im Beruf und privaten Umfeld systematisch und kreativ gestalten kann. Sehr gut hat mir dabei insbesondere der Aspekt gefallen, dass Verkaufen im Kern nichts anderes ist als Beziehungsmanagement. Das heißt: Verkaufen ist nicht nur der Abschluss von Verträgen, sondern gute Verkäufer zeichnen sich durch eine intensive Kundenbetreuung und die Orientierung an Kundeninteressen – auch nach dem Abschluss des Vertrags – aus. Networking, so verstanden, ist auch ein Ansatz zur kontinuierlichen Verbesserung von Dienstleistungen.

Das Buch ist lebendig geschrieben, spannend zu lesen und animiert zur Umsetzung der vielen guten Ideen und Hinweise. Es ist ein Buch aus der Praxis für die Praxis. Als guter und langjähriger Freund des Autors weiß ich, dass er die beschriebenen Haltungen und Verhaltenshinweisen zum Networking selber konsequent umsetzt und überzeugend vorlebt. In diesem Sinne ist es auch ein sehr persönliches Buch.

Ich wünsche dem Autor daher eine breite und motivierte Leserschaft, die seine Anregungen engagiert aufgreift und nicht nur im Sinne eines erfolgreichen, sondern auch besseren Verkaufens umsetzt.

Prof. Dr. Niclas Schaper

Lehrstuhl für Arbeits- und Organisationspsychologie,
Universität Paderborn

Inhalt

Vorwort	7
Liebe Leserin, lieber Leser	15
1 Warum wir Beziehungen brauchen	**17**
Die fünf Beziehungsbereiche in unserem Leben	17
Kontakte schaden nur dem, der keine hat	20
Die Vorteile erfolgreichen Networkings	22
Checkliste: Mein Netzwerk – Bestandsaufnahme	26
2 Voraussetzungen für den Aufbau von erfolgreichen Beziehungen	**28**
Die vier Säulen des Glücks	28
Networking führt zu mehr Gemeinschaft	29
Die Reziprozitäts-Regel	32
Folgende Einstellungen müssen Sie mitbringen, um erfolgreich Beziehungen zu knüpfen	38
Offenheit und Vielseitigkeit	38
Freundlichkeit	39
Einen guten Ruf	40
Neugierde	41
Ehrgeiz	41
Bereitschaft, sich aus der Komfortzone herauszubewegen	41
Eine hohe Frustrationsgrenze	42

Geduld 42
Checkliste: Selbstüberprüfung meiner Voraussetzungen 43

3 Wie Sie erfolgreich Beziehungen aufbauen und pflegen 45

First things first: Sammeln Sie Daten 45
Zehn Rezepte gegen „Vitamin-B"-Mangel 50
   Nehmen Sie sich Zeit für Networking! 50
   Seien Sie ein interessanter Gesprächspartner! . . . 50
   Seien Sie erfinderisch! 52
   Zeigen Sie sich so oft wie möglich! 53
   Helfen Sie Ihren Kunden in schwierigen
   Lebenslagen! 54
   Nehmen Sie die Interessen anderer wahr! 55
   Knüpfen Sie Kontakte zu einflussreichen Personen! 57
   Knüpfen Sie Kontakte zu Menschen, die viele
   Kontakte pflegen! 57
   Erledigen Sie auch 'mal unangenehme Arbeiten
   für Ihre Kunden! 60
   Halten Sie die Verbindung zu Ihrem Netzwerk! . . 61
   Setzen Sie alles auf eine Karte: Ihre Geschäftskarte! . 63
Checkliste: Wie organisiere ich mein Netzwerk? . . . 66

4 Jede Menge Gelegenheiten, wertvolle Beziehungen zu knüpfen 68

Familienmitglieder, Freunde und Bekannte 68
Funktionsträger, Beamte und VIPs 71
Lobbygruppen 75
Verschiedene Arten von Netzwerken 79
Checkliste: Wer gehört zu meinem Netzwerk? 85

5 Keine Beziehung? Kein Geschäft! 87

Ihre Einstellung zum Leben ist Ihre Einstellung
zum Verkauf 88

Sie wollen verkaufen. Aber was will Ihr Kunde? 91
   Erfolg durch Nutzenbieten 91
   Was will Ihr Kunde als *Mensch*? 92
   Was will Ihr Kunde als *Geschäftspartner*? 93
   Die Landkarte Ihres Kunden 94
Checkliste: Meine Eignung als Verkäufer –
meine Beziehung zu meinen Kunden 95

6 Ihr Weg zum Kunden 97

Die zehn immer wiederkehrenden Phasen
des Verkaufszyklus 97
Welche Zielgruppe wollen Sie ansprechen? 98
Durch Kaltakquise erfolgreich Kontakte herstellen ... 99
   Tatort: Felix Huby mit der Schere 100
Was Sie bei der Kaltakquise beherzigen sollten 106
   Überwinden Sie Ihre Angst vor möglicher Ablehnung! 106
   Haben Sie Mut zur Kaltakquise! 108
   Gehen Sie auf Menschen zu! 109
   Werben Sie für sich und ihre Leistungen und Produkte! 111
   Machen Sie den ersten Schritt! 116
   Werden Sie für potenzielle Neukunden tätig! 116
   Wecken Sie das Interesse Ihrer potenziellen Kunden! 118
Ihr Verkaufsgespräch 122
   Empathische Strategien 122
   Die „Erste-Hilfe-Karte" 124
   Der Umgang mit wichtigen Mitentscheidern 125
   Referenzen – Brücken für Erstkontakte 127
Checkliste: Meine Neu- und Stammkunden 128

7 Nach dem Abschluss ist vor dem Abschluss 130

Was gibt es Wertvolleres als Empfehlungen? 130
   Die fünf erfolgreichsten Empfehlungstechniken ... 132
   Strategische Allianzen 135
   Aktivieren Sie die Empfehlungsadresse! 136

Rückmeldungen und Danksagungen
an Empfehlungsgeber 137
Referenzen und Selbstmarketing 137
Netzwerke verknüpfen 138
Checkliste: Meine persönliche Empfehlungspraxis . . 140

8 Ihr Kunden-Bestand ist Ihr wertvollstes Kapital . . . 142

Festigen Sie den Abschluss! 142
Erfolgreiche Strategien zur dauerhaften Bindung
des Kunden 146
Und immer wieder Kaltakquise... 154
Systematisieren Sie Ihre Kundendaten
und -kontakte 155
Checkliste: Meine Kontakte zu den Bestandskunden 161

9 Top-Networker öffnen ihre Trickkiste 163

Aufbau eines neuen Netzwerks beim Stellenwechsel . . 163
Nutzung von bestehenden Netzwerken
bei der Stellensuche 163
Vernachlässigen Sie Ihr bisheriges
Netzwerk nicht! 165
Gehen Sie beim Aufbau neuer Netzwerke
behutsam vor! 167
Wie man erfolgreich ein neues Netzwerk auf-
und ausbaut 168
Das Netzwerk als Unternehmenskapital – ein Beispiel 175
*Checkliste: Für den Fall einer beruflichen
Neuorientierung...* 179

10 Bauen Sie Ihren Expertenstatus auf! 181

Ihr Leumund und Ihre Bekanntheit sind die
wichtigsten Erfolgsfaktoren 181

Erzielen Sie die regionale Marktführerschaft! 184
   Beispiel: Magnet-Marketing in der Zielgruppe
   „Apotheker" 185
   Beispiel: Käsemanufaktur – Erfolg in der
   Marktnische 187
   Beispiel: Expertenstatus der Ampel-Versicherung
   in der Zielgruppe „Handwerk" 188
   Beispiel: Aufbau des Expertenstatus in einer neuen
   Versicherungszielgruppe 192
   Checkliste: Mein Weg zum Expertenstatus 195

Nachwort 197

Herzlichen Dank! 199

Literaturhinweise und Quellennachweis 201

Der Autor 203

© 2002 Chlodwig Poth; Agentur Bell, Frankfurt

Liebe Leserin, lieber Leser,

haben Sie über den Cartoon von Chlodwig Poth ein wenig geschmunzelt?

Sie als Verkäufer wissen natürlich nur allzu gut um die Wichtigkeit der Quantität und Qualität Ihrer Beziehungen für sich und Ihren Beruf und Sie haben vermutlich dieses Buch gekauft, um Methoden kennen zu lernen, die Ihnen helfen werden, beides zu optimieren. Exakt darum geht es in diesem Buch! Denn Ihr Verkaufserfolg hängt unmittelbar von Ihren Beziehungen ab.

Im Leben gibt es eigentlich nur zwei Probleme: mit sich und anderen Menschen besser auszukommen.

Zum ersten Problem finden Sie bei Ihrem Buchhändler in der Abteilung „Psychotherapie und Esoterik" eine Fülle an Literatur. In diesem Buch geht es jedoch darum, wie Sie als Verkäufer mit anderen Menschen – auch und gerade mit Ihren Kunden – besser auskommen, daraus vielleicht besondere Beziehungen entstehen und Sie in der Folge deutlich mehr Umsatz machen werden.

Die ersten zwei Kapitel dieses Buchs handeln davon, wie wichtig Beziehungen für uns sind und welche inneren Einstellungen wir mitbringen müssen, um die Quantität und Qualität derselben zu verbessern. In den Kapiteln drei und vier bekommen Sie Tipps, wo und wie Sie erfolgreich neue Beziehungen knüpfen können.

In den Kapiteln fünf bis acht sind die Zusammenhänge zwischen unseren Beziehungen und unserem Erfolg als Verkäufer dargestellt. Und da im Verkauf die Abfolge der Schritte, die unseren Job prägen, immer wieder die gleichen sind – nämlich: Kaltakquise, Abschluss, Empfehlungen, Abschluss festigen, wieder Kaltakquise, Potenzial des Kunden-Bestands optimal nutzen etc. –, werden wir uns an diesem roten Faden orientieren und jeden einzelnen Schritt in diesem immer wiederkehrenden Zyklus genau beleuchten und prüfen, mit welchen erfolgreichen Networking-Techniken wir sie noch weiter verbessern können.

Das neunte Kapitel enthält Beispiele von „Top-Sellern", deren Erfolgsschlüssel in hervorragendem Networking liegt. Wenn Sie erfahren wollen, wie Sie als Verkäufer in Ihrer Zielgruppe einen „Expertenstatus" erreichen, mit dem Sie Ihre Kunden „magnetisch anziehen", finden Sie Beispiele und Techniken zu diesem Thema in Kapitel zehn.

Alle dargestellten Techniken, Methoden und Tipps sind sehr praxisnah und anschaulich dargestellt und daher als Handlungsmuster und -anregungen sehr geeignet.

Bereits Johann Wolfgang von Goethe kannte die drei Säulen der Lebenskunst, die es zusammenzuführen gilt:

Wissen, Wollen, Tun.

Auch ich bin Verkäufer und habe versucht, meine Erfahrungen und Erkenntnisse in diesem Buch, das Ihnen helfen soll, alle drei Säulen der „Lebenskunst Networking" fest in Ihrem Leben und Beruf als Verkäufer zu verankern, zusammenzufassen.

Ich wünsche Ihnen nun ein Füllhorn an neuen Erkenntnissen und viel Erfolg beim Umsetzen derselben!

Ihr Jürgen Hauser

1 Warum wir Beziehungen brauchen

Die fünf Beziehungsbereiche in unserem Leben

Unser ganzes Leben ist ein Prozess gegenseitiger Beeinflussung. Unsere Beziehungen sind vergleichbar mit einem Gerüst, das unserem Leben Halt und Sicherheit gibt, denn kein Einzelner ist so gebildet und erfahren wie wir alle zusammen. Deshalb tun wir uns etwas Gutes, wenn wir uns mit Menschen zusammenschließen, die uns bereichern können und denen wir Gutes tun können. Denn auch für Verkäufer gibt es im Leben nur zwei wesentliche Probleme: mit sich und anderen besser umzugehen.

Die Vielfalt unserer täglichen Kontakte gliedert sich im Wesentlichen in fünf Bereiche:

1. Die Beziehung zu uns selbst

Wenn jeder an sich denkt,
dann denken alle an alle.

Bruno Jonas

Bruno Jonas nimmt hier den Egoismus, den wir so häufig in unserer Gesellschaft erleben, pointiert auf die Schippe. Permanent egoistisches Verhalten führt in die soziale Isolation. Allerdings ist es auf Dauer umgekehrt sicher auch nicht hilfreich, unser Verhalten immer nur nach den Bedürfnissen anderer auszurichten. Selbstkritik ist eine wichtige Fähigkeit, anhand deren wir unser Verhalten überprüfen und – falls nötig – korrigieren können, um weiterhin Kontakte haben zu können und nicht in die soziale Isolation zu geraten. Wer jedoch sein ganzes Tun und Handeln *permanent* in Frage stellt, weil er es nur an den vielfältigen und unterschiedlichsten Erwartungen seiner Umwelt ausrichtet, übersieht, dass genau das zum Misserfolg führen *muss!* Es allen Leuten recht zu machen, ist unmöglich. Verlassen Sie sich auf das Fundament, auf dem Sie stehen – auf Ihre Lebenserfahrung – , bilden Sie sich eigene Urteile und geben Sie Ihren Bedürfnissen und Wünschen im Leben Raum. Die Beziehung zu uns selbst ist und bleibt nun einmal die wichtigste, da sie die einzige konstante ist. Uns selbst können wir nicht entrinnen. Nehmen Sie sich deshalb so an wie Sie sind, mit Ihren Schwächen und Fehlern. Denn wer sich selbst nicht mag, hat auch Schwierigkeiten, andere Menschen zu mögen!

2. Die Beziehung zu unserem Partner

Auf einer Bank, im Mondlicht gar,
versunken sitzt ein junges Paar
und schwört sich lebenslange Liebe
auf der Basis seiner Triebe
und ihres Wunsches schon ab morgen
möge der Mann sie gut versorgen.

Achim Körnig

Den Partner zu finden, mit dem man ein ganzes Leben verbringen wird, ist sicherlich eine der größten Herausforderungen in unserem Leben. Haben zwei Menschen schließlich zu einem gemeinsamen Leben „Ja!" gesagt, darf man annehmen, dass beide Partner intensiv darüber nachgedacht haben, wie groß die Anzahl der gemeinsamen Interessen, Wünsche und Ziele auf dem gemeinsamen Weg ist und ob dieses Fundament tragfähig genug dafür ist, das ganze Leben miteinander zu teilen. Umso verwunderlicher ist es, dass heute jede dritte Ehe geschieden wird. Die Ursache dürfte häufig in mangelnder Beziehungspflege liegen. Viele Menschen glauben, dass man ab dem Tag der Eheschließung auf das Werben um die *dauerhafte* Gunst des Partners verzichten kann. Dabei geht es dann erst los!

3. Die Beziehung zu unserer Familie und zu guten Freunden

Die Wespe hat ihre Kraft vom Nest.

aus Kamerun

Das Nest, aus dem wir kommen, ist unser erstes Netzwerk. Es liegt in der Natur der Sache, dass uns niemand ähnlicher ist als unsere Eltern und Geschwister. Daher zeichnen sich familiäre Kontakte in der Regel durch ein sehr tiefes Verständnis und emotionalen Rückhalt aus. Beziehungen von einer so starken Intensität finden wir wohl nirgendwo sonst. Das bedeutet im Umkehrschluss: Wir sollten auch selbst für unsere Familie da sein, wenn Hilfe benötigt wird.

Echte Freunde zu finden, mit denen wir ein ganzes Leben lang emotional verbunden sind, ist für uns Menschen eine der wichtigsten Aufgaben im Leben. Wer nichts für andere tut, tut auch nichts für sich. Vielen Menschen gelingt dies nicht, da es voraussetzt, sich zu öffnen, den Kontakt zu halten und sich auch als Freund zu erweisen, wenn man gebraucht wird. Echte Freundschaft ist immer eine positiv erlebte Verantwortung, niemals eine günstige Gelegenheit.

4. Die Beziehung zu Menschen, mit denen wir beruflich zu tun haben

Es ist nicht gut, dass der Mensch alleine sei,
und besonders nicht, dass er alleine arbeite;
vielmehr bedarf es der Teilnahme und Anregung,
wenn etwas gelingen soll.

Johann Wolfgang von Goethe

Diese Goethe'sche Variante des bekannten Satzes aus der Schöpfungsgeschichte gilt heute vielleicht mehr denn je. Die Menschen, die ein glückliches und ausgefülltes Privatleben führen, aber allmorgendlich beim Weg zur Arbeit schlechte Laune oder gar Magenschmerzen bekommen, haben vielleicht übersehen, wie wichtig auch im Berufsleben die Qualität ihrer Beziehungen ist. Schließlich verbringen wir mit unseren Kollegen, Mitarbeitern und Vorgesetzten einen Großteil unserer Lebenszeit. Schon deswegen lohnt es sich, auch im Berufsleben viel Energie in bessere Beziehungen zu investieren.

5. Die Beziehung zur übrigen Welt

*Wollen wir die Welt verändern,
dann müssen wir bei uns anfangen.*

Alexander Christiani

Wir haben Nachbarn, gehen einkaufen, machen Arztbesuche, fahren in den Urlaub, bringen unser Auto in die Inspektion, gehen in Restaurants und haben so jeden Tag aus den unterschiedlichsten Gründen viele Begegnungen mit uns bekannten und fremden Menschen. Auch die Qualität dieser Beziehungen können wir durch unser eigenes Verhalten den anderen gegenüber entscheidend verbessern. Das wird zur Folge haben, dass wir ein reicheres Leben führen.

Kontakte schaden nur dem, der keine hat

Der Beruf des Verkäufers war früher leichter als heute. Die Kunden sind anspruchsvoller geworden, sie verlangen eine individuelle Beratung und drehen den Euro zweimal um, bevor sie sich zum Kauf entschließen. Ihr Verkaufserfolg hängt von der Quantität und Qualität der Beziehungen – vor allen Dingen zu Ihren Kunden – ab.

Wenn Sie als Verkäufer Erfolg haben wollen, haben Sie deshalb ebenso wenig die Wahl, ob Sie die Kunst der Beziehungspflege – Networking – lernen möchten oder nicht, wie ein Vogel nicht die Wahl hat, fliegen zu lernen. Der Vogel hat allerdings einen entscheidenden Vorteil: Er entscheidet sich nicht bewusst für oder gegen das Fliegen, sondern sein Instinkt sagt ihm, dass er diese Fähigkeit zum Überleben unbedingt benötigt! Würden auch Verkäufer generell *instinktiv* Networking-Techniken anwenden, gäbe es ganz sicher wesentlich weniger glücklose Exemplare unserer Spezies. Die Fähigkeiten und Kontakte der Verkäufer stehen aber eben nicht immer in einem ausbalancierten Verhältnis zueinander. Sie können jedoch selbst eine Menge tun, um diese Balance herzustellen.

Jedes Unternehmen kauft Produkte oder Dienstleistungen ein und ist somit Kunde bei einer Vielzahl von Verkäufern. Nun, welches Unternehmensziel hatte früher die allererste Priorität? Ganz klar: das Erzielen von maximalem Profit.

Wenn wir uns die Ziele der Unternehmen anschauen, die heute zu den jeweiligen Marktführern ihrer Branchen gehören, so ergibt sich ein anderes Bild:

1. *Ziel: Kundenzufriedenheit*
2. *Ziel: Erfolgreiche Beziehungsarbeit mit dem Kunden, um Ziel Nr. 1 zu ereichen*
3. *Ziel: Profit – als logische Folge der ersten zwei Ziele*

Wenn die Kundenzufriedenheit an erster Stelle steht und diese maßgebend durch eine exzellente Beziehungsarbeit mit dem Kunden bedingt ist, muss sowohl dieser Thematik als auch den Networking-Fähigkeiten heute wesentlich mehr Raum gegeben werden.

Machen Sie sich bewusst: **Ihr Gehalt bezahlt Ihr Kunde!** Ihr Arbeitgeber ist nur derjenige, der es Ihnen überweist. Das könnte er nicht, wenn er keine Kunden hätte. Sie als Verkäufer sind das Bindeglied zwischen dem Unternehmen, für das Sie arbeiten, und den Kunden, die das Unternehmen für das Erreichen seiner Ziele braucht. Um Ihr Einkommen dauerhaft zu sichern, sollten Sie sich daher mit den folgenden Fragen auseinander setzen:

▶ Welche Vorteile hat Ihr Kunde, wenn er bei Ihnen einkauft?
▶ In welchen Bereichen ist Ihre Firma in Bezug auf Produkte, Kundenbetreuung und Kompetenz der Mitarbeiter besser als die Mitbewerber?
▶ Wo bestehen Defizite?
▶ Welche Möglichkeiten bieten sich, um diese Defizite zu beseitigen?

Falls Ihre Antworten auf diese Fragen für Sie unbefriedigend ausfallen, müssen Sie künftig Ihre Verkaufsstrategien, Ihre Strategien als „Unternehmer" verändern, das heißt: Sie müssen komplett *alles* ändern! Weil nämlich Ihr Erfolg als Verkäufer viel stärker von den Beziehungen zu Ihren Kunden abhängt als Sie vielleicht ahnen.

Die Vorteile erfolgreichen Networkings

> *„Ich bin sehr glücklich über diese Einladung,*
> *weil ich mir gedacht habe, dass es für jemanden,*
> *der bald Privatmann sein wird, von Vorteil sein könnte,*
> *wenn er ein paar einflussreiche Leute kennt."*

Das sagte der amerikanische Präsident Lyndon B. Johnson 1969 bei seiner Begrüßungsansprache, als er zum Ende seiner Regierungszeit von Mitgliedern des amerikanischen Kongresses zu einem Abendessen eingeladen wurde.

Recht hatte der Präsident, denn Einfluss, ja Macht, hängt von der Reichweite und Tragfähigkeit des Netzwerks ab. Wer seine Beziehungen engagiert pflegt und ständig ausbaut, hat immer alle Fäden in der Hand. Die einflussreichsten Menschen sind in der Regel auch die besseren Netzwerkarbeiter: Sie kennen „Gott und die Welt" und pflegen ihr Netzwerk intensiv.

Der Erfolg vieler Frauen in der Geschäftswelt hat seine Ursache darin, dass Frauen einen erheblich besseren Instinkt für Beziehungsarbeit haben als Männer. Deshalb werden auch die Männer, die sich voller Elan in den Aufbau von persönlichen und privaten Netzwerken stürzen, größere Erfolge erzielen als jene, die Netzwerk-Strategien mit dem Argument verwerfen, sie seien „zu feminin". Die Pflege von Beziehungen zu vernachlässigen, ist ein Fehler, der jeden Verkäufer viel Geld kosten wird!

Kennen auch Sie Menschen, die Ihnen gern erklären, warum irgend etwas *nicht* funktioniert? Menschen, die Ihnen erläutern, warum eine bessere Ausschöpfung des Kunden-Bestands oder eine erfolgreiche Kaltakquise unmöglich sei? Untersagen Sie diesen Menschen künftig alle Versuche, Sie zu demotivieren. Unterbrechen Sie diese Leute, verzichten Sie darauf, ihnen zuzuhören! Wo wäre die Menschheit heute, wenn es nicht zu allen Zeiten Neuerer gegeben hätte, die Unmögliches möglich gemacht haben? Denken Sie weniger in Problemen, sondern vielmehr in Lösungen! Und Lösungen können Sie häufig bei den Mitgliedern Ihres Netzwerks finden. Um die Unterstützung zu bekommen, die Sie in einer bestimmten Situation benötigen, müssen Sie herausfinden, wer Ihnen in welcher Situation helfen kann.

Ein Beispiel:
Miroslaw ist der Sohn einer Frau aus meiner Nachbarschaft. Er machte einen miserablen Hauptschulabschluss. Miroslaws Wunsch war, nach der Schulausbildung eine Ausbildung zum Maschinenschlosser zu absolvieren. Leider waren seine Bemühungen um eine Lehrstelle fruchtlos verlaufen. Als er mich bat, ihm bei der Suche nach einer Lehrstelle behilflich zu sein, ließ ich mir seine Bewerbungsunterlagen zeigen. Das defizitäre Erscheinungsbild dieser Unterlagen ließ sofort erkennen, warum seine Anstrengungen ohne Erfolg geblieben waren.
Der folgende Lösungsansatz entstand aus dem sinnvollen Einsatz von Beziehungsarbeit:

▶ Miroslaw und ich optimierten gemeinsam das Erscheinungsbild seiner Bewerbungsunterlagen.

▶ Ich schlug ihm vor, fünfzig Firmen aus dem Telefonbuch herauszusuchen, die in der näheren Umgebung waren und für ihn in Frage kamen.

▶ Da Miroslaw die Schule bereits beendet hatte und arbeitslos war, gab ich ihm folgenden Rat:
„Verschicke an jedem Werktag je eine Bewerbung an eine dieser Firmen. Am übernachsten Tag erscheinst du in der jeweiligen Firma. Nehmen wir an, die Arbeit dort beginnt um 7 Uhr morgens. In diesem Fall erscheinst du bereits um 6.50 Uhr. Du stellst dich beim Chef vor, verweist auf deine Bewerbungsunterlagen,

die er einen Tag zuvor bekommen hat und bietest dem Handwerksmeister an, eine Woche *kostenlos* für ihn zu arbeiten. Der potenzielle Chef wird verblüfft sein und vielleicht auf dein Angebot eingehen. In dieser Firma arbeitest du dann eine Woche unentgeltlich. Du kommst morgens nicht wie die anderen Kollegen erst um 7 Uhr, sondern trittst deine Arbeit bereits 10 Minuten früher an. Wenn die Kollegen um 16 Uhr Feierabend machen, fragst du deinen Chef, ob du noch die Werkstatt ausfegen darfst und bleibst entsprechend länger. Ich garantiere dir: Nach spätestens zehn Versuchen in zehn Firmen hast du deinen begehrten Ausbildungsplatz."

Miroslaw war begeistert von meiner Idee! Aber umgesetzt hat er sie nicht.

Warum? Nun, den allerersten Schritt hatte er schon gemacht: Er hatte einen Bekannten aus seinem privaten Umfeld um Unterstützung gebeten. Er hat jedoch den Arbeitsaufwand, der mit Networking und Problemlösung verbunden sein kann, unterschätzt. Er hat seine Pläne nicht weiterverfolgt und konnte daher leider nicht die Erfahrung machen, dass Networking zum Ziel führt.

Machen Sie sich Networking zur Lebensphilosophie, denn die Vorteile – im privaten wie im beruflichen Bereich – sind immens!

Hier einige Beispiele:

▶ Kaufen Sie kein Autoradio mehr zum regulären Preis, sondern überlegen Sie zunächst, ob nicht zum Beispiel der Bruder einer Person, die Sie kennen, bei Blaupunkt, Grundig oder bei einem Elektronikfachhändler arbeitet.

▶ Sollten Sie vielleicht demnächst an den Ort Ihrer Träume reisen wollen, stellen Sie sich zuerst die Frage, wer dort bereits häufig Urlaub gemacht hat. Derjenige kann Ihnen sicherlich wunderbare Tipps für Ihren Urlaub geben.

▶ Ein amerikanischer Autor, der ein Buch geschrieben hatte, erhielt von einem Verlag das Angebot einer Startauflage von 10.000 Büchern. Er lehnte ab! Er verwies auf sein Netzwerk, das sage und schreibe aus 6.000 Personen besteht. Er wollte diesen Multiplikatoren sein Buch schenken und verlangte eine Startauflage von 100.000 Exemplaren. Er überzeugte den Verlag und verkaufte sämtliche Exemplare. Das Buch wurde mittlerweile mehrfach aufgelegt und in viele andere Sprachen übersetzt.

▶ In den USA arbeiten Rechtsanwälte und Mietwagenfirmen schon lange zusammen. Beide Seiten machen dabei glänzende Geschäfte, weil Anwälte wie Autoverleiher erkannt haben, dass sie ihre Kunden an den jeweils anderen weiterreichen können und *alle – inklusive der Kunden* – davon profitieren.

▶ Viele Versicherungsvermittler würden sich bei ihren Bemühungen um bessere Geschäfte erheblich leichter tun, wenn sie sich in ein geschäftliches Netzwerk einbetten würden, das für einen „Sog-Marketing"-Effekt sorgen würde. Einen solchen Effekt erzielt ein Policenverkäufer, der eine Sozietät mit Rechtsanwälten, Steuerberatern und Wirtschaftsprüfern gründet. Innerhalb dieser Sozietät führen sich die einzelnen Bürogemeinschafts-Partner gegenseitig Kunden zu, deren weitere Probleme der jeweils andere Sozietäts-Partner lösen kann.

Wie sich im Folgenden zeigen wird, hat Networking aber noch wesentlich mehr Aspekte und Facetten. Das nächste Kapitel beschäftigt sich jedoch zunächst mit den Voraussetzungen, die Sie für erfolgreiches Networking mitbringen müssen.

Checkliste: Mein Netzwerk – Bestandsaufnahme

1. Folgende Personen gehören zur Zeit zu meinen wichtigsten Kontaktpersonen im Privatleben:

   _____
   _____
   _____

2. Folgende Menschen sind momentan meine wichtigsten beruflichen Netzwerkpartner:

   _____
   _____
   _____
   _____

3. Mit Hilfe der folgenden Personen habe ich durch Networking die folgenden Probleme gelöst:

   _____
   _____
   _____
   _____

4. Welches ist zurzeit mein dringendstes Problem?

   _____
   _____
   _____

5. Wer aus meinem persönlichen Freundes- und Bekanntenkreis oder aus meinem weiteren Umfeld könnte mir bei der Lösung dieses Problems behilflich sein?

   _____
   _____

6. Verpflichte ich mich mir selbst gegenüber, innerhalb der nächsten 48 Stunden einen persönlichen Termin mit dieser Person zu vereinbaren?

_____
_____
_____

7. Welche besonderen Fähigkeiten und Kenntnisse habe ich, durch deren Einsatz ich anderen einen Dienst erweisen könnte?

_____
_____
_____

8. Welchem mir wichtigen Menschen will ich mit diesen Fähigkeiten und Kenntnissen in den nächsten 24 Stunden ganz konkret meine Hilfe anbieten?

_____
_____
_____

9. Wie bewerte ich meine eigene Networking-Kompetenz im Rahmen meiner Tätigkeit als Verkäufer auf einer Skala von 1 (= unbefriedigend) bis 10 (= exzellent)? Wie begründe ich meine Antwort?

```
├────┼────┼────┼────┼────┼────┼────┼────┼────┤
1    2    3    4    5    6    7    8    9    10
```

_____
_____
_____

10. Welche Networking-Fähigkeiten möchte ich noch verbessern und welche möchte ich mir noch aneignen?

_____
_____

2 Voraussetzungen für den Aufbau von erfolgreichen Beziehungen

Die vier Säulen des Glücks

Was macht Sie persönlich glücklich? Ein Millionengewinn im Lotto vielleicht, ein Ferrari oder ein Direktorentitel?

Die folgende Erkenntnis wird Sie wohl genauso überraschen wie sie mich verblüfft hat: Geld, Luxusgüter, Status, Einfluss, Macht – all dies brauchen wir laut einer US-amerikanischen psychologischen Studie aus dem Bereich der „Positiven Psychologie" (Monitor on Psychology, Januar 2000) nicht zu unserem Glück. Erstaunlicherweise sind es andere Dinge, die uns glücklich machen. Die Säulen unseres Glücksgefühls sind:

Kompetenz: die Überzeugung, für eine Aufgabe besonders geeignet zu sein und diese exzellent auszuführen;

Autonomie: die Möglichkeit, unabhängig und selbstbestimmt handeln zu können;

Selbstachtung: die Fähigkeit, sich anzunehmen, wie man ist, sich zu mögen und wertzuschätzen sowie

Bezogenheit: die Fähigkeit, sich mit anderen verbunden zu fühlen.

Bezogenheit – um diese wichtige Säule des Glücks geht es in diesem Buch. Sie haben es gekauft, weil Sie als Verkäufer um die Wichtigkeit von Beziehungen für Ihren Beruf wissen. Vermutlich lesen Sie dieses Buch, um künftig noch erfolgreicher Beziehungen aufzubauen. Vielleicht haben Sie das Buch aber auch gekauft, weil

Sie in den Beruf des Verkäufers eher zufällig „hineingeraten" sind und dieser Beruf für Sie weniger eine Berufung, sondern vielmehr ein Mittel zum Geld verdienen darstellt und Sie nun aus dieser Situation das Beste machen und Ihre Verkaufserfolge optimieren wollen.

Networking führt zu mehr Gemeinschaft

Ich habe nie Marketing gemacht.
Ich habe immer nur meine Kunden geliebt.
Zino Davidoff

Hat Ihnen Ihr Vorgesetzter, Ihr Verkaufsleiter oder eine andere Person, die am Anfang Ihrer Karriere als Verkäufer Verantwortung für Ihre Einarbeitung trug, an Ihrem ersten Arbeitstag im Verkauf etwas über das Wort gesagt, das für Sie als Verkäufer und als Mensch das wichtigste sein sollte? Dieses Wort heißt **Empathie**. Das Lexikon übersetzt diesen griechischen Begriff mit: „Einfühlung; die Fähigkeit, sich in eine andere Person hineinzuversetzen und somit wichtige Voraussetzung für die Deutung mitmenschlichen Verhaltens und für *Altruismus*." Schlagen wir wiederum unter diesem Begriff im Lexikon nach, finden wir folgende Definition:

1. Selbstlosigkeit im Denken und Handeln. Gegensatz von Egoismus.
2. Verhaltenslehre; tritt bei Brutfürsorge sowie bei staatenbildenden Insekten auf; bei Wirbeltieren selten.

Bei Wirbeltieren selten?! Der hochkomplex entwickelte Homo sapiens hilft seinesgleichen also weniger als vergleichsweise weniger entwickelte Arten? Traurig, aber wahr! Sonst gäbe es auf dieser Welt sicherlich weniger Egoismus, Neid, Hass und Kriege.

Schauen wir uns also einmal die Selbstlosigkeit im Handeln bei weniger hoch entwickelten Lebewesen als uns Menschen genauer an:

Tiere bilden Kooperationen, da sie vermutlich die Erfahrung gemacht haben, dass der fremde Artgenosse, den man unterstützt, einem früher oder später selbst einmal hilft. Solche Koalitionen finden sich zum Beispiel bei Schimpansen. Doch nicht nur relativ hoch entwickelte Menschenaffen, sondern auch andere Arten, wie die in Südamerika beheimateten Kapuzineräffchen, helfen sich wechselseitig. Besonders gerne teilen sie sich die Nahrung, vor allem dann, wenn der andere bei der Beschaffung derselben geholfen hat. Helfen wird belohnt, selbst wenn die Kooperation längere Zeit zurückliegt. Schimpansen können sich, so renommierte Wissenschaftler, die diese Untersuchungen durchgeführt haben, noch nach Jahren daran erinnern, welches Tier ihnen einmal in einer Notsituation geholfen hat.

Erstaunlich fortgeschritten ist der Zusammenhalt mancher Fischarten. Die hierzulande beheimateten Stichlinge legen ebenfalls kooperative Verhaltensweisen an den Tag. Nähert sich einem Schwarm Stichlinge ein Raubfisch, beispielsweise ein Hecht, so erkunden zwei Fische gemeinsam als „Spähtrupp" die Absicht des Räubers. Sind die Stichlinge nahe genug an dem Raubfisch, können sie einen hungrigen von einem satten Hecht unterscheiden. Das mit der Annäherung verbundene Risiko ist jedoch enorm hoch. Die Experimente der Verhaltensforscher haben gezeigt, dass für die Stichlinge die Gefahr, gefressen zu werden, deutlich kleiner ist, wenn sie sich paarweise vorwagen.

Regt sich in Ihnen gerade der leise Zweifel, dass das von Ihnen gekaufte Buch mit einem falschen Titel versehen wurde? Keine Sorge: Diese kurze Ausführung zu verhaltensbiologischen Grundmustern ist unabdingbar, um später zu verdeutlichen, was Verkauf mit Beziehungsarbeit zu tun hat.

Wer sein Geld mit dem Mund verdienen will – und das muss jeder Verkäufer – muss zunächst Augen und Ohren einsetzen, das heißt: Man muss zunächst zuhören und den Anderen wahrnehmen, bevor man versucht, ihn mit Worten zu überzeugen. Das bedeutet, dass Sie die „Welt" des Kunden „betreten", quasi in den Schuhen des Kunden laufen müssen, sich in seine derzeitige Lebenssituation hineinversetzen müssen und seine ihm völlig eigene Realität durch seine Brille betrachten müssen, um dann hinsichtlich des von Ihnen zu verkaufenden Produkts eine Argumentationskette aufzubauen, die *nicht Ihrer* Logik entspricht, sondern *der Ihres Kunden*. Das wird Ihnen nur dann gelingen, wenn Sie das Herz Ihres Kunden ansprechen. Ich möchte Ihnen an einem Beispiel verdeutlichen, was gemeint ist:

Es war an einem sonnigen Frühlingstag in München. Der Englische Garten war prächtig anzuschauen. Die ersten Tulpen öffneten ihre Kelche und Tausende von Narzissen übersäten den frischen grünen Rasen, die Goldweide leuchtete. An einem Weg stand ein Blinder und bettelte. Vor ihm lag eine Mütze. Darin befanden sich nur wenige Cent. Der Blinde hielt ein Schild in der Hand, auf das ihm ein guter Geist geschrieben hatte: „Helft einem Blinden!"

Ein sehr erfolgreicher Verkäufer – sein Name war Erich Maria Pathie – kam vorbei, verlangsamte seinen Schritt, blieb stehen und betrachtete den Blinden und sein Schild. Mit einem Blick in die auf dem Boden liegende, fast leere Mütze bat er den blinden Mann, ihm sein Schild zu geben, damit er ihm helfen könne. Er drehte es um und schrieb auf die Rückseite einen anderen Text, den der behinderte Bettler jetzt nach vorne hielt. Als Pathie, dessen Spezialität die kreativsten Mailing-Aktionen seiner Branche waren, am Nachmittag aus dem Büro heimkehrte und wieder an dem Blinden vorbeikam, fragte er ihn, wie es ihm in der Zwischenzeit ergangen sei. Der Blinde erzählte dem Verkäufer voller Dankbarkeit, dass er noch nie so viele Münzen in seiner Mütze gehabt hätte, sogar Scheine seien dabei. Und nun wolle er doch unbedingt wissen, was jetzt auf seinem Schild stünde. E.M. Pathie antwortete: „Es ist Mai – und ich bin blind."

Das lateinische Wort „nomen est omen" (der Name hat eine Bedeutung) trifft hier ins Schwarze: Diesem empathischen Verkäufer, der seinen Namen zu Recht trägt, ist es in perfekter Weise gelungen, das Gefühl der „Kunden" des Behinderten anzusprechen. Mit nur sieben Worten konnte er die Herzen der Passanten erreichen – und sie öffnen.

Jeder Mensch ist auf der sachlichen wie auf der emotionalen Ebene ansprechbar, jedoch siegt in der Regel die gefühlvolle Ansprache. Wenn ich Sie nun bitte, sich in die Gedanken- und Gefühlswelt eines Anderen zu versetzen, der Ihnen Ihre Produkte abkaufen soll, so tue ich dies nicht aus Berechnung und nicht, um Ihren Profit zu maximieren. Ich halte generell nichts davon, jemandem etwas Gutes zu tun, nur um eine direkte Gegenleistung zu erhalten. Man kann durchaus auch Gutes tun, um selbst eine große persönliche Genugtuung daraus zu ziehen, dass man sich den Mitmenschen gegenüber als nützlich und hilfreich erweist. *Eine Erhöhung Ihres Profits ist nur zwangsläufig die Folge!* Denn: Alles im Leben kommt zurück! Alles Gute, alles Schlechte. Oder wie Albert Schweitzer sagte: „Liebe ist das einzige, was nicht weniger wird, wenn wir es verschwenden."

Wenn Sie sich also vornehmen, Menschen ab heute zu mögen, treffen Sie auf einmal sehr viele sympathische Leute. Denn Sie werden die Menschen dann nicht mehr ausschließlich durch Ihre Brille, nur unter Berücksichtigung *der* Erfahrungen, die *Sie* im Laufe Ihres Lebens gesammelt haben, betrachten und beurteilen, sondern dabei sehr wohl der Tatsache Rechnung tragen, dass Ihr Gegenüber eine eigene Geschichte durchlebt und individuelle Erfahrungen gemacht hat.

Die Reziprozitäts-Regel

Eine Quelle, die nur geben will, trocknet aus.
Eine Quelle, die aus dem Grund nur nehmen will,
wird zu einem sumpfigen Ort.
Dr. Gerhard Bayer

Erinnern Sie sich noch? In der Schule lernten wir im Mathematikunterricht, dass sich beispielsweise „1 geteilt durch 7" reziprok zu „7 geteilt durch 1" verhält, was ja nichts anderes bedeutet, als dass die Multiplikation dieser Zahlen die Zahl 1 ergibt, sich also quasi beide Zahlen gegeneinander aufheben. Übersetzt man diese mathematische Regel in das menschliche Verhalten, so wird Folgendes deutlich: Begegnen wir unseren Mitmenschen generell skeptisch bis misstrauisch, bisweilen gar aggressiv, so wird unser Gegenüber unser Verhalten in den meisten Fällen spiegeln, sich also ganz ähnlich verhalten, nämlich reziprok. (Treffe ich auf solche Zeitgenossen, so gelingt es mir ab und zu, ihnen mit dem Satz „Das Buch ‚Wie man Freunde gewinnt' haben Sie aber nicht geschrieben!" den Wind aus den Segeln zu nehmen.)

Ist unsere Grundhaltung hingegen die, dass wir generell Freundlichkeit, Toleranz und Warmherzigkeit aussenden und zunächst immer das Gute im Menschen sehen wollen, werden wir zwar ab und an enttäuscht werden, jedoch in der Summe der Begegnungen ganz sicher von mehr Mitmenschen freundlich behandelt werden. Unsere Bilanz im sozialen Gewinnspiel ist somit positiv, und wir fühlen uns besser. Denn der Mensch als soziales Wesen braucht Beziehungen wie die Luft zum Atmen!

Was der Volksmund treffend beschreibt mit: „Wie man in den Wald hineinruft, so schallt es heraus" ist ein angeborener Automatismus: im Tierreich beispielsweise zu beobachten bei der wechselseitigen Fellpflege.

Schauen wir uns ein weiteres Beispiel ausführlicher an: Erhalten Sie auch jedes Jahr zur Adventszeit Post von der karitativen Organisation „SOS Kinderdörfer"? Wenn Sie diesen Briefumschlag öffnen, halten Sie anrührende, von Kindern gemalte Weihnachtskarten in der Hand – und einen Spendenaufruf nebst einem Überweisungsträger hierfür. Was tun Sie jetzt? Drei Möglichkeiten bieten sich an:

1. Sie können die Karten behalten, anschließend für Weihnachtsgrüße verwenden und nichts spenden – und fühlen sich dann vielleicht schlecht, weil Sie von den armen Kindern ein Geschenk angenommen haben, dafür aber nichts zurückgegeben haben. Denn so haben Sie nicht reziprok gehandelt!

2. Sie behalten die Karten und revanchieren sich für das ungebetene Geschenk mit einer Spende, um so ein schlechtes Gewissen zu vermeiden. Dieses reziproke Verhalten verschafft Ihnen gute Gefühle! Überlegen Sie bitte: Hätten Sie auch Geld gespendet, wenn der Postsendung keine Karten beigelegen hätten?
3. Oder Sie erkennen den Manipulationsversuch – denn um nichts anderes handelt es sich! – und werfen die gesamte Postsendung weg – und fühlen sich gut, weil Sie niemandem etwas schuldig geblieben sind. Als autarker Mensch wissen Sie, dass Sie Ihre Entscheidungen, wem Sie gegebenenfalls Geld spenden, ganz alleine und selbständig treffen.

Win-win-Strategien
So genannte „Win-win-Strategien" sind deshalb so erfolgreich, weil beide Partner gleichermaßen vom Austausch von Gütern, Ideen, Strategien, Unterstützung, Hilfestellung und vielem mehr profitieren. Solche Win-win-Strategien sind selbst im Tierreich anzutreffen: Elefanten in freier Wildbahn haben stets ihre eigene Hygiene-Abteilung in Form etlicher gefiederter Freunde um sich: die Vögel reinigen die empfindliche Haut der Dickhäuter von Parasiten und ernähren sich davon. Auch im menschlichen Miteinander gilt es, stets dafür zu sorgen, dass Ihre Beziehungskonten immer ausgeglichen sind. Und hierfür gelten folgende Regeln:

▶ All das, was Sie von jemandem haben möchten, müssen Sie zunächst erst geben.

▶ Je mehr Sie geben, desto mehr bekommen Sie zurück.

▶ Alles, was Sie geben, kommt zurück: alles Gute, aber auch alles Schlechte.

▶ Sie dürfen niemals mehr nehmen als Sie gegeben haben.

Ein weiteres Beispiel: Als Verkaufstrainer habe ich etliche Kollegen, mit denen ich im Wettbewerb stehe, da wir in der gleichen Zielgruppe der Finanzdienstleister Seminare anbieten. Sind wir also Konkurrenten? Ja und nein. Die Entscheidung zu konkurrieren oder uns wechselseitig zu helfen, hängt nur davon ab, wie wir diese Situation sehen und welche Strategie wir schließlich aus dieser Gegebenheit entwickeln: Statt uns gegenseitig mit ähnlichen Seminarangeboten Konkurrenz zu machen, haben wir den Trainerverbund „Assurance Personnel Manangement Europe" (www.apmeurope.de) gegründet und tauschen uns einmal im Quartal aus. Wir sprechen offen über neue in der Planung befindliche Seminarinhalte und stellen für Kollegen Kontakte zu den Versicherern her, mit denen wir bereits zusammenarbeiten, mit dem Ziel, dass der interessierte Kollege dort ebenfalls Seminare zu anderen Themen platzieren kann. Dies funktioniert selbstverständlich nur dann, wenn alle Beteiligten gleichermaßen geben! Glücklicherweise ist dies der Fall. (Kollegen, die nur nehmen wollten und den anderen gegenüber keine Form der Gegenleistung erbrachten, wurden bald aus unserem Netzwerk ausgeschlossen.)

Win-win-win-Strategien
Dass an erfolgreichen reziproken Beziehungen auch mehr als zwei Partner beteiligt sein können, zeigen die folgenden Beispiele.

Bei der alljährlichen „José-Carreras-Gala" im Fernsehen haben Prominente die Möglichkeit, sich für einen guten Zweck – das Sammeln von Spendengeldern für Leukämiekranke – in Szene zu setzen. Gleichzeitig läuft auf dem Bildschirm unten eingeblendet ein Band, auf dem wir die Namen der spendenden Privatpersonen und Unternehmen lesen können. Nahezu kostenlose Fernsehwerbung für diese Firmen also und somit Product-Placement vom Feinsten! Bei dieser Aktion gewinnt jeder: José Carreras & Co. erwerben sich einen Ruf als Gutmenschen und mehren ihren Ruhm, die Unternehmen kämen für einen solch kleinen Obolus anders nie ins Fernsehen und die Leukämiekranken erhalten eine bessere medizinische Versorgung.

Neben meiner Tätigkeit als Autor und Verkaufstrainer verkaufe ich betriebliche Altersversorgungen. Vereinfacht dargestellt funktioniert dies so: Der Mitarbeiter einer Firma investiert monatlich rund 200 Euro in eine Pensionskasse. Davon übernimmt der Fiskus circa vierzig Prozent. Der Arbeitgeber spart bis einschließlich 2008 zusätzlich je Mitarbeiter monatlich rund 40 Euro an Sozialabgaben ein. Ergo ist diese Sparte für mich die ideale „Spielwiese", da alle Beteiligten gewinnen:

1. Der Mitarbeiter baut sich eine zusätzliche Altersversorgung auf – mit hohen staatlichen Zuschüssen.
2. Der Arbeitgeber spart Lohnnebenkosten ein.
3. Die Spezialisierung auf diese Win-win-win-Strategie führt für mich direkt zu einem „Magnet-Marketing": Da alle Beteiligten profitieren, kommen die Kunden häufig von selbst zu mir.

Nachdem ich in einem großen Unternehmen 200 Mitarbeiter erfolgreich beraten hatte, schrieb ich dem Geschäftsführer den folgenden Brief:

Sehr geehrter Herr Geschäftsführer,

herzlichen Dank für den freundlichen Empfang in Ihrem Hause! Mittlerweile habe ich knapp 200 Ihrer Mitarbeiter erfolgreich zur betrieblichen Altersversorgung beraten:

Ich lege Ihnen heute symbolisch die Ersparnis an Betriebsausgaben bei, die ich bislang aufgrund der Entgeltumwandlung in die betriebliche Altersversorgung für Ihr Haus erzielen konnte:

Diese liegt derzeit bei rund 259.200 Euro. Ich bin zuversichtlich, den Betrag in Höhe von 511.291 Euro (entspricht der beigelegten 1.000.000 Deutsche Mark) innerhalb des nächsten Jahres hinsichtlich der Ersparnis an Lohnnebenkosten für Ihr Haus erreicht zu haben!

Ich denke, ein schöner Erfolg für alle Beteiligten!

Beste Grüße

Ihr Jürgen Hauser

Dem Geschäftsführer legte ich ein „Brikett" in Form von tausend geschredderten 1.000-DM-Scheinen bei.

Wenn Sie solche Win-win-(win-)Strategien bei Ihren vertrieblichen Tätigkeiten einsetzen, ist es wichtig, Ihrem Kunden immer genau darzustellen, welche monetären oder sonstigen Vorteile Sie für ihn erarbeitet haben. Als Verkäufer sollten Sie sich somit immer wieder folgende Fragen stellen:

1. Welchen Gewinn oder Vorteil biete ich meinen Kunden?
2. Wie kommuniziere ich dies dem Kunden?
3. Wie könnte ich den Profit für alle Beteiligten eventuell noch erhöhen?
4. Welche Produkte könnte ich zusätzlich verkaufen, die dem Kunden einen noch höheren Profit bzw. einen noch größeren Vorteil bieten würden?

Wem es schwerfällt, ins Ungewisse in Vorleistung zu gehen, übersieht zwei entscheidende Dinge:

1. Ein soziales Miteinander ohne Reziprozität ist nicht möglich.
2. Wenn Sie als Mensch und als Verkäufer schließlich bilanzieren, werden Sie feststellen, dass Sie immer das zurück erhalten haben, was Sie zuvor investierten. Vielleicht sogar mehr!

Win-lose-Strategien
Wie völlig abstrus es wäre, sich als Mensch und Verkäufer anders zu verhalten als immer darauf zu achten, dass die Bilanz zwischen Geben und Nehmen mindestens ausgeglichen ist und Sie stets in Vorleistung gehen müssen, um etwas zu bekommen, zeigt die folgende Geschichte:

Ein Huhn und ein Schwein sitzen auf einer Bank und genießen den Sonnenuntergang. Nach einer Weile sagt das Huhn zum Schwein; „Ich habe eine gute Idee: Lass' uns zusammenarbeiten. Wir fusionieren und erzeugen gemeinsam ‚ham and eggs'. Ich liefere die Eier, du den Schinken." Das Schwein bittet um Bedenkzeit.

Nach einer Weile sagt es: „Im Prinzip ist die Idee gut, aber dabei gehe ich ja drauf!" Da erwidert das Huhn: „Nun ja, so ist das halt, wenn man zusammenarbeitet."

Bei diesem „Netzwerk" ist einer der Partner doch glatt durch die Maschen gefallen! Ein schönes Beispiel also, wie Networking *nicht* funktionieren kann.

Bevor wir uns mit dem Zusammenhang zwischen Networking-Techniken und Verkaufs-Erfolgen beschäftigen, sollten Sie zunächst überprüfen, ob Ihre Einstellungen gegenüber Ihren Mitmenschen auch die sind, die die Voraussetzung für bessere Beziehungen – auch für die zum Kunden – sind.

Folgende Einstellungen müssen Sie mitbringen, um erfolgreich Beziehungen zu knüpfen

Offenheit und Vielseitigkeit

Stets offen für Neues und tolerant gegenüber den Mitmenschen zu sein, ist die unabdingbare Voraussetzung für ein reicheres Leben. Seien Sie also immer offen für neue Anregungen und Inspirationen!

Aber auch, wenn Sie diese Voraussetzung zwar erfüllen, jedoch selbst für andere Menschen so interessant sind wie Manfred Mittelmaß, werden Sie im Knüpfen von neuen Beziehungen nicht wesentlich vorankommen. Wir Menschen interessieren uns in der Regel mehr für charismatische, zumindest interessante und facettenreiche Persönlichkeiten als für „Laternenträger". Was macht eine interessante Persönlichkeit aus? Prüfen Sie, ob Sie selbst ein interessanter Gesprächs- und Diskussionspartner sind, der in vielen unterschiedlichen Themenbereichen – sei es die Kultur, der Sport, das Zubereiten eines Vier-Gänge-Menüs oder neueste Buchveröffentlichungen – kompetent mitreden kann.

Sollten Sie sich unsicher sein, über welche Fähigkeiten und besondere Kenntnisse Sie verfügen und welche davon andere Menschen an Ihnen schätzen, dann listen Sie zunächst alles auf, was Sie für andere interessant machen könnte. Fragen Sie Ihren besten Freund, was er besonders spannend an Ihnen findet. Vielleicht besitzen Sie sogar einige Schätze, die Sie nur zu selten ans Tageslicht holen.

Freundlichkeit

Ein Lächeln ist die kürzeste Verbindung zwischen zwei Menschen.

Viktor Borg

Wer sich selbst nicht mag, der wird auch Probleme haben, andere Menschen zu mögen. Wer sich hingegen morgens selbst freudig im Spiegel begrüßt, gewinnt tagsüber auch andere für seine Ideen, seine Produkte und letztlich für sich. Nicht umsonst sagen die Chinesen: „Wer nicht lächeln kann, soll kein Geschäft eröffnen." Begrüßen Sie sich also künftig morgens selbst im Spiegel, denn Sie sind ja quasi Ihr erster Kunde und können sich somit etwas Gutes tun!

Wer andere Menschen erhellen will – und das wollen und müssen Verkäufer nun einmal – darf nicht allzu dunkle Gesichtszüge haben. Die Losung dafür lautet „Lmaa" und heißt ausgeschrieben (nicht, was Sie vielleicht vermuten, sondern das Gegenteil davon): „**L**ächle **m**ehr **a**ls **a**ndere!", denn:

Freundlichkeit beinhaltet auch die Selbstverständlichkeit, sich für Gutes, das einem widerfahren ist, zu bedanken. Die Ursache des Misserfolgs liegt häufig in der Undankbarkeit. Manchen von uns, die mit dem Eilzug durch die Kinderstube gefahren sind, wird es schwerer fallen, sich dankbar zu zeigen, als den Menschen, die gelernt haben, gerne „Danke" zu sagen. Wenn Sie nun nachdenken, werden Sie sicherlich auch für den heutigen Tag einige positive Dinge finden, für die es sich zu danken lohnt.

Aus all diesen Gründen kann man das Wort „networken" vielleicht auch einmal ganz anders übersetzen, nämlich mit „nett arbeiten".

Einen guten Ruf

Bei einem Verkäufer mit einem schlechten Leumund werden Verkaufsbemühungen wirken wie die verzweifelten Anstrengungen eines Hamsters im Laufrad. Wer seine Kunden über den Tisch zieht und dabei auch noch die durch Reibung entstehende Hitze mit Wärme verwechselt, wird sehr bald dafür bekannt sein und beruflich nur noch mühsam vom Fleck kommen. Wer seinen Leumund verspielt hat, wird von potenziellen Kunden abgelehnt, Empfehlungen fallen ganz weg, und da ein unzufriedener Kunde laut Statistik durchschnittlich zwölf Menschen von seinen negativen Erfahrungen berichtet, werden sich zu allem Überfluss auch noch die Stornierungen häufen.

Behandeln und beraten Sie also jeden Kunden so, als ob Sie Ihrem besten Freund, Ihren Eltern oder vielleicht Ihrem Sohn Ihr Produkt verkaufen würden.

Wenn Sie keinen guten Ruf haben, werden alle Ihre Bemühungen im Verkauf nicht den optimalen Erfolg bringen. Und einen guten Ruf erlangen Sie nur dann, wenn Sie jeden Kunden absolut ehrlich beraten, den Kundennutzen immer in den Vordergrund stellen und dafür manchmal auch auf ein Geschäft verzichten. Sie müssen bei der Beratung die Dinge durch die Brille des Kunden sehen. Und natürlich müssen Sie zuverlässig arbeiten. Nicht 90 Prozent, nicht 99 Prozent, sondern kein bisschen weniger als zu 100 Prozent zuverlässig! Folgenden Satz sollten Sie sich zur Maxime machen: „Ich sage nur zu, was ich halten kann, aber ich halte immer, was ich zusage."

Neugierde

Sie können Ihre Verkaufserfolge durch Networking nicht maximieren, wenn Sie nicht neugierig auf andere Menschen sind. Diese Neugierde ist die Grundvoraussetzung für erfolgreiches Networking. Sie wird Ihnen helfen, Menschen mit anderen Berufen, anderen Hobbys und anderen Lebenserfahrungen kennen zu lernen. Diese neuen Begegnungen werden eine anregende Wirkung auf Sie haben. Sie werden neue Seiten an sich entdecken und neue Interessen entwickeln. Die Welt ist größer, vielfältiger und bunter als Sie vielleicht denken!

Ehrgeiz

Haben Sie tatsächlich das Interesse, sind Sie motiviert genug, Menschen kennen zu lernen, die Ihr künftiges Leben bereichern werden? Wollen Sie fremde Menschen kennen lernen, die Kunden, die vielleicht sogar Freunde werden können? Wenn Sie nur wenig Ehrgeiz haben, die Menschen und die Welt besser kennen zu lernen, rate ich Ihnen, gar nicht erst mit aktivem Networking zu beginnen.

Bereitschaft, sich aus der Komfortzone herauszubewegen

In unseren ersten Lebensjahren lernen wir ungeheuer viel: Laufen, Sprechen, Lesen und Schreiben. Später erlernen wir vielleicht eine Fremdsprache, das Autofahren und einen Beruf. Und dann geschieht das eigentlich Unfassbare: Viele Menschen glauben, im Alter von vielleicht 30 Jahren genug für das Leben gelernt zu haben, leben dann vielleicht noch etliche Jahre und werden irgendwann zwischen ihrem 70. und 80. Lebensjahr beerdigt. Diese Menschen wollen schon früh ihre „Komfortzone" nicht mehr verlassen. Die Komfortzone ist der Bereich, in dem wir Menschen uns wohl fühlen. Sollte es beispielsweise Ihr dringender Wunsch sein, Boris Becker eine Immobilie zu verkaufen, so werden Sie ihm sicherlich – sofern Ihre Networking-Bemühungen erfolgreich waren – beim ersten Treffen mit ein wenig Herzklopfen entgegentreten. Das heißt: Sie müssen Ihre Komfortzone verlassen, wenn Sie einen Kontakt mit ihm knüpfen wollen. Aber Bereicherungen erfolgen generell immer nur *außerhalb* Ihrer Komfortzone, und nur in diesem Bereich haben Sie die Möglichkeit, neue Dinge zu erlernen und sich neue Fähigkeiten anzutrainieren. Treten Sie aus ihrer Komfortzone heraus, wann immer es Ihnen möglich ist. Je mehr Übung Sie darin haben, desto einfacher wird es, den ersten inneren Widerstand zu überwinden.

Eine hohe Frustrationsgrenze

Der Optimist denkt oft ebenso einseitig
wie der Pessimist. Nur, er lebt froher.

Charly Rivel

Wir Verkäufer sind es gewöhnt, ein „Nein!" vom Kunden zu hören. Viele von uns werden allerdings auf die Dauer damit nicht fertig und interpretieren dieses „Nein" des Kunden so, dass er uns als Person – und somit als Mensch – ablehnt. Dem ist mitnichten so! Wenn der Kunde „Nein" sagt, so meint er nicht uns als Menschen, sondern er bezieht das „Nein" auf unser Produkt. Es sei denn, unser Ruf ist ruiniert!

Ablehnung werden wir auch bei manchen Bemühungen um neue Kontakte erfahren. Sie als Verkäufer wissen allerdings, dass ein gewisser Prozentsatz unserer Bemühungen um bessere und weitere Beziehungen im Leben und im Beruf immer von Erfolg gekrönt sein wird.

Geduld

Nicht jeder neue Kontakt, in den Sie Ihre Zeit, Ihre Kreativität und vielleicht ein paar Mark investiert haben, muss sich *sofort* auszahlen. Investieren Sie langfristig in Beziehungen. Es wird sich lohnen, ganz sicher. Geduld und Gelassenheit sind gute Begleiter für das Hegen und Pflegen von Beziehungen.

Wenn der Inhalt dieses Kapitels weitgehend Ihre persönlichen Einstellungen zum Leben und zu den Menschen widerspiegelt, erhalten Sie im folgenden Kapitel konkrete Handlungsempfehlungen zum (Weiter-)Knüpfen Ihres Beziehungsnetzes.

Checkliste: Selbstüberprüfung meiner Voraussetzungen

1. Wie bewerte ich meine Toleranz gegenüber anderen Menschen auf einer Skala von 1 (= unbefriedigend) bis 10 (= exzellent)?

   1 2 3 4 5 6 7 8 9 10

   _____
   _____

2. Kann ich mich gut in die Lebenssituation anderer Menschen hineinversetzen?

   _____
   _____

3. Welche Lebenseinstellungen hindern mich gegebenenfalls daran, mich in die Lage anderer hineinzuversetzen?

   _____
   _____

4. An welchen Eigenschaften, die ich für mehr und bessere Beziehungen im Leben benötige, sollte ich noch arbeiten?

   _____
   _____

5. Wie könnte ich dies tun?

   _____
   _____

6. Wer könnte mir dabei behilflich sein?

7. Wie würde ich meinen Ruf als Mensch und als Verkäufer charakterisieren?

8. Traue ich mich aus meiner Komfortzone heraus, wenn ich neue Ziele anpeile und zu neuen Ufern aufbreche?

9. Welche Ängste hindern mich gegebenenfalls daran?

10. Wie ehrgeizig bin ich, wenn es darum geht, neue Beziehungen zu knüpfen?

3 Wie Sie erfolgreich Beziehungen aufbauen und pflegen

Wenn Sie die Einstellungen mitbringen, die für erfolgreiches Networking wichtige Voraussetzungen darstellen, dann ist der nächste Schritt der, ein gut funktionierendes System in die Verwaltung der Daten zu bringen, die Sie künftig zusammentragen werden, um mit Ihrem Netzwerk in Verbindung bleiben zu können.

First things first: Sammeln Sie Daten

Wenn Ihr Beziehungsnetz anfängt zu wachsen, so ist es für Sie unbedingt notwendig, die relevanten Daten Ihrer Netzwerkpartner aufzuschreiben, denn im Laufe der Zeit wird es Ihnen unmöglich sein, diese alle im Kopf zu behalten.

Sammeln Sie Zahlen, Daten und Fakten zu Ihrem Netzwerk. Legen Sie sich ein Karteikarten-System an oder tragen Sie sich gleich alle relevanten Daten auf Ihrem PC oder Laptop in Ihr Programmmodul für Kontaktpflege ein. Folgende Stichworte und Eintragsrubriken sollte ihre Datei unbedingt beinhalten:

Name
Halten Sie den Namen und Vornamen Ihres Kunden bzw. Networkpartners fest. Das ist zugegebenermaßen eine Selbstverständlichkeit! Notieren Sie aber auch die Namen der Partnerin/des Partners und der Kinder. Heutzutage gibt es nämlich beim Nachnamen häufig Abweichungen. Nicht zu vergessen sind eventuelle Spitznamen. Wenn sie beim nächsten Kundenbesuch auch

den Hund mit Namen begrüßen, wird Ihr Kunde aufmerken (und der Hund sicherlich auch).

Titel
Sofern Ihr Netzwerkpartner über einen akademischen Grad oder einen sonstigen Titel – beispielsweise als Träger eines Ehrenamtes – verfügt, halten Sie diesen schriftlich fest. Hat Ihr Kunde promoviert, so ist es eine Selbstverständlichkeit, ihn auch mit seinem Doktortitel anzusprechen.

Bildungsabschluss
Dies könnte ein Meistertitel sein oder der eines Technikers. Sollte Ihr Kunde studiert haben, notieren Sie sich die Universität, die Ihr Netzwerkpartner besucht hat. Haben Sie Kunden, die auf der gleichen Universität studiert haben, könnten Sie eventuell einen Kontakt herstellen.

Anschrift
Notieren Sie die exakte Anschrift Ihres Kunden sowie die der Firma, bei der er tätig ist. Halten Sie die Adressen der neuen Medien, wie E-Mail-Adresse, Fax-Nummer sowie gegebenenfalls die Internet-Adresse fest.

Visitenkarte
Legen Sie sich eine (im Büroartikel-Bedarf erhältliche) Visitenkartenbox zu. Sammeln Sie die Visitenkarten all Ihrer Netzwerkpartner und sortieren Sie diese alphabetisch. (Ich selbst verfüge über zwei derartige Boxen und kann so geschäftliche und private Kontakte getrennt organisieren.)

Für Ihren Netzwerkpartner wichtige Daten und Termine
Das sind neben dem Geburtsdatum der Hochzeitstag, vielleicht der Namenstag. Wenn Ihr Netzwerkpartner Kinder hat, so sollten Sie sich auch notieren, wann diese Geburtstag haben, Erstkommunion oder Konfirmation feiern und wann die Schulzeit endet. Sie sollten diese und andere – für Ihre Kunden wichtige Termine

zum Anlass nehmen, mit einer kleinen Aufmerksamkeit zu gratulieren.

Ein Beispiel: Kürzlich stand bei einem meiner Kunden eine Facharzt-Prüfung an. Da dieser Kunde durch diesen, für seine weitere Karriere entscheidenden Termin sehr gestresst war, mussten wir einen geschäftlichen Termin auf einen späteren Zeitpunkt verschieben. Den Prüfungstermin habe ich mir beiläufig in meinem Kalender notiert. Da ich mir sicher war, dass der Kunde die Prüfung mit Bravour bestehen würde, schickte ich ihm am Prüfungstag ein Glückwunschtelegramm, über das er sich sehr gefreut hat.

Hobbys, Interessen und Vorlieben
Jeder Mensch hat Hobbys. Halten Sie diese akribisch fest. Mit der „Für-Sie-entdeckt-Karte" (siehe Seite 55 f.) können Sie Ihr Netzwerk mit interessanten Informationen zu den jeweiligen Hobbys versorgen.

Geschenkideen
Aus den Hobbys, Interessen und Vorlieben können Sie individuelle Geschenkideen für Ihren Netzwerkpartner ableiten und schriftlich vormerken, um bei einem entsprechenden Anlass – vielleicht nach einer Weiterempfehlung – das passende Geschenk bereitzuhalten.

Einer meiner Kunden ist ein berühmter Autor, der alle materiellen Werte besitzt, die man sich wünschen mag. Ich wusste, dass er unter anderem in Heidelberg studiert hatte. Deswegen brachte ich ihm bei meinem vorletzten Besuch das „Heidelberger Guckkästchen" mit: Holt man dieses aus dem Briefumschlag heraus und klappt es auf, erscheint vor dem Betrachter die dreidimensionale Heidelberger Altstadt – gemalt auf Pappe. Mein Kunde strahlte und fand sogleich einen Platz für mein Präsent. Da steht es heute noch. Die vier Euro waren also gut angelegt. Welche empathischen Geschenkideen haben Sie für Ihre Kunden?

Urlaubsziele
Schreiben Sie sich die Urlaubsziele, die Ihr Netzwerkpartner favorisiert, auf. Haben Sie beispielsweise einen Kunden, der absoluter New-York-Experte ist, so können Sie einen Kontakt zu einem Kunden herstellen, der plant, das erste Mal in die Megametropole zu reisen.

Mitgliedschaften
Notieren Sie Mitgliedschaften in Vereinen, Vereinigungen, politischen Parteien oder Zugehörigkeiten zu anderen Gruppen.

Besondere Leistungen
Erhielt Ihr Netzwerkpartner öffentliche Ehrungen oder Auszeichnungen, zum Beispiel die Goldene Nadel der Handwerkskammer oder sogar das Bundesverdienstkreuz? Notieren Sie sich diese.

Herkunft des Kontaktes
Unter Umständen haben Sie nach einigen Jahren vergessen, wie der Kontakt zu Ihrem heutigen Netzwerkpartner zustande kam. Schreiben Sie sich auch diese Details auf. Wenn Sie im Laufe der Zeit sehen werden, dass beispielsweise ein Kontakt durch einen Kunden hergestellt wurde, dem Sie zu einem früheren Zeitpunkt empfohlen worden waren, wird Sie das motivieren, noch häufiger um Empfehlungen zu ersuchen. Vielleicht erkennen Sie mit der Zeit auch andere interessante Zusammenhänge, die Sie für Ihr künftiges Networking berücksichtigen können.

Letzter Kontakt
Dort tragen Sie das Datum ein, an dem Sie den letzten telefonischen oder persönlichen Kontakt mit Ihrem Netzwerkpartner hatten. So wissen Sie immer, wann es höchste Zeit ist, einen alten Kontakt aufzufrischen.

„Geschuldete Gefälligkeiten" und „fällige Schulden"
Tragen Sie hier ein, welche Vorteile Ihr Netzwerkpartner bislang aus der Beziehung zu Ihnen hatte. Notieren Sie ebenfalls die

Gefälligkeiten, die er Ihnen bislang erwiesen hat. Aber seien Sie vorsichtig! Achten Sie darauf, dass die Liste der „geschuldeten Gefälligkeiten" immer deutlich länger ist als die der „fälligen Schulden" – das sind *Ihre* Verbindlichkeiten. Fordern Sie Gefälligkeiten nur im Notfall ein. Bedanken Sie sich stets für Gefälligkeiten, die Ihnen erwiesen wurden und seien Sie – um Gottes Willen! – kein „Schnorrer". Überziehen Sie also keines Ihrer Beziehungskonten, sondern achten Sie darauf, immer im „Haben" zu sein. Erwarten Sie bitte nicht, dass sich jeder Kontakt sofort für Sie auszahlt. Üben Sie sich in Geduld, denn Geduld lernen macht geduldig.

Bislang verdiente Provision
Damit Sie sich besser motivieren können, Ihre geschäftliche Netzwerkkartei wirklich immer up to date zu halten, sollten Sie stets wissen, welche Einnahmen Sie bislang aus dieser Kundenverbindung – sofern es sich um eine solche handelt – hatten. Dies ist sozusagen der monetäre Kundenwert. Beachten Sie daneben aber immer auch den menschlichen und ideellen Wert dieser Verbindungen!

Vermeiden Sie, dass Ihr Beziehungsnetz Löcher bekommt. Wenn Sie Ihre Adresskartei immer auf dem neuesten Stand halten, haben Sie jede Menge Möglichkeiten und Anlässe, Kontakt zu halten. Das müssen Sie dann natürlich auch tun – sonst war die ganze Arbeit vergebliche Mühe.

Ihr künftiges Bemühen um neue Kontakte wird sich sicherlich nicht auf den beruflichen Bereich beschränken. So mancher private Kontakt kann später durchaus auch geschäftliche Vorteile bringen. Dies wird sogar häufig der Fall sein, da Kunden bekanntermaßen lieber dort einkaufen, wo eine Vertrauensbasis besteht.

Nun möchte ich Ihnen aufzeigen, welche Techniken besonders geeignet sind, alte Verbindungen zu festigen und neue Kontakte zu knüpfen.

Zehn Rezepte gegen „Vitamin-B"-Mangel

Nehmen Sie sich Zeit für Networking!

Das Leben ist sehr, sehr interessant.
Wenn man die Zeit dafür hat.

Piet Klocke

Sie sind der Auffassung, dass Sie keine Zeit für den Aufbau von Beziehungen haben? Nun gut, dann gebe ich Ihnen den Rat, dieses Buch jemandem zu schenken, der im Gegensatz zu Ihnen nicht fremdbestimmt mit seiner Lebenszeit umgeht. Überlegen Sie: Was haben Sie mit George Bush, Wladimir Putin und Gerhard Schröder gemeinsam? Wissen Sie es? Nun, Sie haben jeden Tag 24 Stunden Zeit.

Wenn jemand behauptet, er habe keine Zeit, Beziehungen aufzubauen, bedeutet dies schlicht und ergreifend, dass ihm andere Dinge und Tätigkeiten wichtiger sind. Sie haben immer so viel Zeit wie Sie sich nehmen!

Seien Sie ein interessanter Gesprächspartner!

Wenn Sie Beziehungen aufbauen wollen, muss Ihr neues Netzwerk-Mitglied einen Nutzen vom Umgang mit Ihnen haben. Diesen Nutzen wiederum müssen Sie ihm also bieten. Sofern Sie ein Gesprächspartner sind, der sich selbst in Diskussionen nicht einbringt und nicht kompetent mitreden kann, sobald es um etwas anderes als die letzten Bundesliga-Ergebnisse geht, wird man sehr schnell das Interesse an Ihnen verlieren. Versuchen Sie, Ihrem Gegenüber möglichst viele Anregungen und Ideen zu vermitteln, denn nichts ist langweiliger als ein Langweiler. Interessieren Sie sich für den Beruf und die Hobbys Ihres Netzwerk-Mitglieds. Lesen Sie Zeitung, schauen Sie sich nicht jede Wiederholung im Fernsehen an, sondern verbringen Sie Ihre Zeit sinnvoll. Sicher lesen Sie den Lokalteil Ihrer Tageszeitung, um stets darüber auf dem Laufenden zu sein, was sich in Ihrem Ort tut. Lesen Sie aber auch Filmkritiken quer, beschäftigen Sie sich mit neuen Buchscheinungen. Lesen Sie ferner die Heirats-, Geburts- und Todesanzeigen.

Der Markt wurde für Verkäufer in den letzten Jahren täglich härter: Immer schneller werden neue und bessere Produkte für teilweise immer weniger Geld auf den Markt geworfen, und die Kunden sind heute besser informiert denn je. Darauf müssen Sie sich einstellen: Weiterbildung kann Ihnen helfen, mit diesen Tatsachen souverän umzugehen.

Ein Beispiel: Angenommen, Sie sind Immobilienmakler und präsentieren einem Interessenten eine Immobilie. Dieser Interessent ist promovierter Diplom-Ingenieur, verkauft Kernkraftwerke und hat bereits an zwölf Verkaufs- und Rhetorik-Seminaren teilgenommen. Während er Ihnen zuhört, könnte er gelegentlich denken: „Jetzt hätte er statt einer offenen besser eine geschlossene Frage stellen sollen." Mit anderen Worten: Sie müssen mithalten können!

Folgende Pflichtlektüre für erfolgreiche Verkäufer lege ich Ihnen ans Herz:

- Die „Frankfurter Allgemeine Zeitung" (oder die „Süddeutsche Zeitung", die „Welt" oder eine andere große überregionale Tageszeitung); studieren Sie insbesondere die Änderungen im Handelsregister: Wer stieg innerhalb einer Firma, die zu Ihren Kunden gehört, zum „Entscheider" auf (Glückwunschschreiben oder persönlicher Besuch), wer schied aus der Firma aus?
- „Spiegel" oder „Focus" halten Sie politisch auf dem Laufenden.
- Im „Handelsblatt" finden Sie Hintergrundinformationen zu aktuellen Wirtschaftsthemen.
- In „Sales Business" findet jeder Verkäufer nützliche Tipps für seine Profession und gute Hinweise auf weiterbildende Literatur.
- „Deutscher Vertriebs- und Verkaufsanzeiger" – für weiterbildungswillige Verkäufer.

▶ „Psychologie heute": für Verkäufer, die sich für die „Entscheidungs-Zentrale" ihres Kunden, nämlich für seine Seele interessieren.

▶ Sie erhalten mittlerweile nahezu jedes für Verkäufer zur Weiterbildung geeignete Buch als „Hörbuch". Hörbücher werden in Form von Audio-Cassetten oder CDs angeboten, die Sie sich bequem im Auto anhören können. Die Zeit von A nach B können Sie also sinnvoll nutzen.

Also: Update your mind! So bleiben Sie stets „up to date", und das wird sehr bereichernd für Sie sein.

Seien Sie erfinderisch!

*Man löst oft ein Problem
indem man sich vom Problem löst.*

Anonymus

Heben Sie sich von Ihren Mitbewerbern ab! Betreiben Sie „Kreativitäts-Jogging". Überarbeiten und optimieren Sie Ihr Outfit, den Text Ihres Anrufbeantworters, das Erscheinungsbild Ihrer Verkaufsmappe, Geburtstags- und Weihnachtsbriefe und finden Sie zu einem eigenen unverwechselbaren Stil! Ohne kreative Geister stünde die Menschheit nicht dort, wo sie heute ist.

Präparieren Sie sich für die Zukunft: Gert Haarlaender, Abteilungsleiter Energie- und Wirtschaftspolitik beim Öl-Multi Shell sagt: „Bei uns steht im Zentrum der Szenarien nicht mehr die Frage ‚Was wird passieren?', sondern ‚Was wird Shell tun, wenn welcher Fall eintritt?'"

Aber auch Kreativität braucht Struktur. Es ist sinnvoll, alle möglichen Lösungsansätze zu einem Problem aufzuschreiben. Wenn man Probleme und deren Lösungen sprachlich fixiert, muss man sie noch einmal exakter durchdenken, denn sonst findet man nicht die passenden Worte. Durch die Versprachlichung wird die Ideenproduktion erhöht und der Weg wird frei für neue Gedanken.

Manchmal hilft aber auch einfach die Umformulierung des Problems. So hatte der Entwickler der gelben Post-it-Haftzettel ursprünglich die Aufgabe, einen neuen Klebstoff zu finden, der wesentlich besser haften sollte als alle bekannten Haushaltskleber. Als das Resultat enttäuschend war, stellte er sich die Frage, was man mit einem Klebstoff machen könnte, der eben nicht so gut klebt. Den Rest der Geschichte kennen Sie und vielleicht arbeiten Sie täglich mit diesen nützlichen Zetteln.

Archimedes lag in der Badewanne, als er beim Eintauchen seines Körpers das Prinzip der Wasserverdrängung durchschaute. Newton entdeckte das Gesetz der Schwerkraft, als er entspannt unter einem Baum saß und ihm ein Apfel auf den Kopf fiel ...

Ich möchte Sie nun zu einem kleinen Kreativitätstest einladen, bei dem Sie Ihre gewöhnlichen Denk-Bahnen verlassen müssen:

Leonie und Larissa, zwei bildhübsche dunkelhaarige Mädchen, die einander wie ein Ei dem anderen glichen, saßen auf einer Parkbank. Ein Fremder kam vorbei und sagte: „Ihr müsst Zwillinge sein!" Die Mädchen lächelten: „Wir haben dieselbe Mutter und denselben Vater. Wir sind am selben Tag und im selben Jahr geboren. Aber wir sind keine Zwillinge." Was ist des Rätsels Lösung? Nun, zugegebenermaßen gar nicht so einfach! *

Zeigen Sie sich so oft wie möglich!

Nehmen Sie generell Einladungen an, auch wenn Sie bei mancher Veranstaltung (noch) keine Menschenseele kennen sollten. Umso besser, da Sie so die Möglichkeit haben, neue Kontakte zu knüpfen. Sie könnten die Gelegenheit zum Beispiel nutzen, um Small-Talk Ideen im Hinblick auf Ihre Wirksamkeit auszutesten. Sie könnten erforschen, wie Sie mit wem am besten ins Gespräch kommen oder wie man in einer neuen Umgebung auf Ihre Bonmots und kleinen Scherze am Rande reagiert.

---

* Lana, der *dritte* „Zwilling" musste mit einer Grippe das Bett hüten.

Helfen Sie Ihren Kunden in schwierigen Lebenslagen!

Freuen Sie sich, wenn Ihnen jemand hilft? ... Ihrem Kunden geht es genauso! Helfen Sie also künftig Ihrem Kunden, die Probleme zu lösen, die er nicht alleine, aber mit Ihrer Hilfe lösen kann. Viele Menschen sind heutzutage unfähig zu helfen. Das beweisen eindrucksvoll Statistiken. Immer mehr Menschen stehen in Notsituationen, etwa bei schweren Verkehrsunfällen oder anderen Katastrophen, tatenlos dabei, statt beherzt einzugreifen und Menschenleben zu retten. Übernehmen Sie künftig die Initiative und helfen Sie in brenzligen Situationen – nicht nur in Ausnahmesituationen, sondern auch und gerade in der alltäglichen Zusammenarbeit mit Ihren Kunden. Denn der beste Weg, sich selbst zu helfen, ist, die eigenen Beziehungen zu nutzen, um anderen zu helfen.

Ein Beispiel, wie es funktionieren kann: Gute Kunden, zu denen meine Frau und ich inzwischen einen freundschaftlichen Kontakt entwickelt haben, waren als Geschäftsführer *des* Restaurants an unserem Ort tätig. Natürlich waren wir Stammkunden bei ihnen. Eines Tages eröffneten uns diese Freunde, dass sie sich dazu entschlossen hätten, 150 Kilometer von unserem Wohnort entfernt ein eigenes Lokal zu übernehmen. Nur sechs Wochen später wollten sie umziehen. Allerdings hatten sie erst wenige Monate zuvor ihr Eigenheim bezogen, das sie sich nach ihren eigenen Wünschen gebaut hatten. Aus der Ferne und in Anbetracht der neuen beruflichen Herausforderungen war es unseren Freunden unmöglich, dieses Haus selbst zu verkaufen. So fragten sie uns, ob wir Ihnen dabei helfen könnten, was wir selbstverständlich gerne taten. Seinerzeit herrschte am Immobilienmarkt absolute Flaute, sodass sich der Verkauf schwieriger gestaltete, als wir vorher gedacht hatten. Rund dreißig Besichtigungen mit potenziellen Käufern mussten meine Frau und ich abwechselnd zu jeder Wochen- und Tageszeit durchführen, dann aber hatten wir Erfolg und konnten für unsere Freunde einen Notartermin mit dem heutigen Eigentümer vereinbaren und das Objekt zu einem wirtschaftlich vertretbaren Preis verkaufen.

Schon lange war dieses Ehepaar mit allen Versicherungen Kunde bei mir. Die Abschlüsse waren jeweils relativ beratungsintensiv gewesen. Geht es heute um den Abschluss weiterer, neuer Versicherungen, halten sich die beiden nicht mehr lange mit für sie lästigen Fragen nach Details auf. Sie überlassen die jeweilige Ausgestaltung des Vertrages mir, und wenn wir sie in ihrem neuen Restaurant besuchen, sind wir stets herzlich eingeladen.

Erhalten Sie gerne Geschenke? Ich persönlich kenne niemanden, der diese Frage mit „Nein" beantworten würde. An dem alten deutschen Sprichwort „Kleine Geschenke erhalten die Freundschaft" ist in der Tat viel Wahres dran. Machen Sie sich also Notizen über Vorlieben, Hobbys und besondere Neigungen Ihrer Kunden, aber auch über die Interessen der Mitglieder Ihres privaten Netzwerks. Sammeln Sie Geschenkideen! Wenn Sie im Einzelhandel schöne Dinge finden, deren Preise reduziert, die zudem noch ausgefallen und witzig sind und die zu Ihren Kunden passen, können Sie diese „auf Vorrat" kaufen. Ganz sicher findet sich bald eine Gelegenheit, diese zu verschenken. Wenn Sie ein Geizkragen sind und Ihr Netzwerk in keinster Art und Weise an Ihrem persönlichen und materiellen Erfolg teilhaben lassen, nützen Ihnen auch Freundlichkeit, Nutzen bieten, Toleranz sowie Empathie und Nächstenliebe nichts! Bedenken Sie: Der reichste Mann auf dem Friedhof zu sein ist kein Lebensziel, das von Intelligenz zeugt, denn das letzte Hemd hat keine Taschen.

Nehmen Sie die Interessen anderer wahr!

Als mich meine Firma 1992 in die Kurpfalz beorderte, gingen meine Familie und ich auf die Suche nach einem Eigenheim. Schließlich kamen zwei Häuser, die uns beide gut gefielen und von denen wir eines kaufen wollten, in die engere Wahl. Wir tendierten zu einem relativ teuren, aber schönen Neubau in guter Heidelberger Lage. Dies teilten wir Peter Hoffmann, dem Architekten und Bauträger des anderen zur Wahl stehenden Objektes mit. Statt verschnupft oder gar verärgert zu reagieren, sagte Hoffmann: „Frau Hauser, Herr Hauser, wenn ich Sie recht verstehe, sagt Ihnen das von mir gebaute Haus durchaus zu, jedoch gefällt Ihnen die Lage des Neubaus in Heidelberg besser, aber dieses Haus ist teurer. Verstehe ich Sie da richtig?" Wir bejahten. „Nun, dann biete ich Ihnen an, den Neubau in Heidelberg mit Ihnen zu besichtigen und Ihnen dann klipp und klar zu sagen, ob die Qualität dieses Objektes in Ordnung ist. Das kostet Sie selbstverständlich nichts. Sollte ich allerdings Baumängel feststellen, werde ich Sie auf diese hinweisen." Dieses Angebot verblüffte uns. Wir nahmen es aber – da wir ansonsten im Großraum Heidelberg niemanden kannten, dankbar an und vereinbarten gemeinsam mit dem Makler nochmals einen Besichtigungstermin in Heidelberg. Bei dieser Besichtigung machte Peter Hoffmann innerhalb von einer Stunde erhebliche Schäden am Rohbau aus: Im Keller stand das Wasser knöchelhoch und aufgrund mangelnder Sicherungsmaßnahmen drohte die Gefahr, dass der hinter dem Haus befindliche Hang über kurz oder lang die Terrasse unter sich begraben würde. Peter Hoffmann erläuterte die Bauschäden ganz genau und schätzte die Kosten für die Behebung derselben auf seinerzeit rund 200.000 DM. Der Makler wurde immer kleinlauter, beendete die Präsentation des Objektes mit der Ankündigung, das Haus sofort aus seinem Angebot zu nehmen und bedankte sich bei unserem Architekten für seinen sachverständigen Rat. Der Schreck saß uns in den Gliedern, aber wir waren sehr erleichtert, nicht ein Haus gekauft zu haben, mit dem wir viel Geld verloren hätten. Wir kauften dann das vom Architekten Hoffmann angebotene Objekt. In diesem wohnen wir nun im zehnten Jahr und haben den Kauf noch keinen einzigen Tag bereut. Peter Hoffmann nahm einfach *unsere* Interessen wahr und konnte so einen Verkaufserfolg für *sich* erzielen. Hätte er das nicht getan, hätten wir das andere Haus gekauft. Natürlich ging er das Risiko ein, eventuell keine Bauschäden feststellen zu können.

Sie sehen also, dass es sich durchaus auszahlen kann, wenn man etwas für andere tut!

Nehmen wir an, Sie sind Verkäufer von Großküchen für die Gastronomie. Nach zähen Verhandlungen konnten Sie dem Inhaber eines Restaurants der Top-Gastronomie eine Kücheneinrichtung für 200.000 Euro verkaufen. Nun stellt sich die Frage, wie Sie dafür sorgen können, dass dieser Kunde nicht nur mit Ihrer Leistung zufrieden ist, sondern sich auch für Sie als Verkäufer begeistert. Dass Sie bei der Auswahl der Kücheneinrichtung nach intensiver Befragung und Beratung alle Bedürfnisse des Kunden berücksichtigt haben, ist selbstverständlich. Wenn Sie noch etwas mehr tun möchten – und das macht letztendlich den Unterschied aus –, dann empfehlen Sie dieses Lokal jedem weiter. Schreiben Sie einen Leserbrief an die Redaktionen der bekannten Gastronomieführer (Guide-Michelin, Varta- oder ARAL-Führer) und loben Sie die Kochkunst Ihres Kunden mit ernst gemeinten Worten. Machen Sie eine Kopie dieses Schreibens und schicken Sie diese an Ihren Kunden mit dem Hinweis, dass Sie den Brief auch an den örtlichen Rotary- und Lions-Club versandt haben. Ihr Kunde wird sicherlich von Ihren Marketing-Tätigkeiten, die ihm neue zahlungskräftige Kunden zuführen, begeistert sein.

Knüpfen Sie Kontakte zu einflussreichen Personen!

Welche Menschen in Ihrer näheren Umgebung üben viel Einfluss auf andere Menschen aus? Vermutlich der Bürgermeister Ihrer Stadt, vielleicht auch der Vorstandsvorsitzende der benachbarten Fabrik oder der Vorsitzende des örtlichen Männergesangsvereins. Beschäftigen Sie sich möglichst viel mit Menschen, die Ihnen wichtige Türen öffnen und somit Ihre Verkaufserfolge optimieren können. Schenken Sie Ihre Aufmerksamkeit auch den Menschen, die Verbindungen zu denjenigen haben, die eine Sache ins Rollen bringen können.

Knüpfen Sie Kontakte zu Menschen, die viele Kontakte pflegen!

Selbst ein Zwerg, der auf den Schultern
eines Riesen sitzt, sieht weiter als ein Riese.
Nikolaus B. Enkelmann

Wer kennt den, den ich gerne kennen lernen möchte? Diese Frage sollten Sie sich künftig häufiger stellen, da man alle Menschen über nur eine Hand voll Kontakte miteinander verbinden könnte. Das bedeutet für Sie, dass Sie zu den für Sie interessanten Menschen schneller Kontakt aufnehmen könnten als Sie vielleicht vermuten.

Ein Beispiel: Nehmen wir an, Sie sind ein großer Fan von Hans-Dieter Hüsch, dem Altmeister des deutschen Kabaretts. Hüsch wird demnächst in Ihrer Heimatstadt gastieren. Sie möchten ihn gerne kennen lernen. Was tun? Sie kennen vielleicht den Leiter des Kulturamtes Ihrer Stadt persönlich. Rufen Sie ihn an. Sagen Sie ihm, dass Sie in den letzten Jahren alle Zeitungsartikel über Hans-Dieter Hüsch gesammelt haben, die Ihnen in die Hände gefallen sind, und dass Sie diese Herrn Hüsch gerne aushändigen würden. Nun bitten Sie Ihren Bekannten, den Kulturamtsleiter, Herrn Hüsch dies vor seinem Auftritt mitzuteilen und ihn zu fragen, an welchem Ausgang der Stadthalle Sie sich am späten Abend einfinden dürfen, um ihm Ihre Sammlung auszuhändigen. Sie werden sehen, es funktioniert!

Sollten Sie im Versicherungsaußendienst arbeiten, so haben Sie einen der härtesten Berufe unserer Zeit gewählt. Als Policenverkäufer haben Sie das Problem, dass Ihre Kunden nicht zu Ihnen kommen, da sie ihren Bedarf nicht einschätzen können. Der Mensch setzt sich in der Regel nicht aus eigenem Antrieb mit den finanziellen Folgen von Katastrophen auseinander. Deshalb müssen Sie diesen Bedarf bei Ihrem potenziellen Kunden wecken. Wer kennt also den potenziellen Neukunden, den Sie gerne kennen lernen möchten? Diese Frage kann man beispielsweise so beantworten: Zweimal pro Woche stürmen Millionen von Menschen die Lotto-Annahmestellen, um Millionär zu werden. Sie könnten also in einem Ladenlokal eine Versicherungsagentur gemeinsam mit einer Lotto-Annahmestelle betreiben. Die Leute werden Ihnen die Bude einrennen, und wenn Sie es räumlich und personell geschickt organisieren, können Sie dafür sorgen, dass die spielwütigen Glücksritter sanft aber beständig auf ihre Versorgung angesprochen werden. In diesem Beispiel sorgt die Lotto-Annahmestelle für den erwünschten „Huckepack"-Effekt.

Betreiben Sie also „Huckepack-Networking" und überlegen Sie, wer Sie quasi „auf seinen Schultern sitzend" zu neuen Kunden „tragen" kann.

Ich möchte Ihnen noch ein weiteres, diesmal sehr persönliches, aber, wie ich denke, doch sehr anschauliches Beispiel für die Wirksamkeit dieser Networking-Technik liefern:

Nachdem meine Frau Pia und ich 1984 geheiratet hatten, wollten wir unbedingt ein Kind bekommen. Leider blieb dieser Wunsch aus biologischen Gründen unerfüllt. Deshalb entschlossen wir uns, alles zu versuchen, um ein Baby zu adoptieren. Vielleicht wissen Sie, dass dies in Deutschland ein nahezu aussichtsloses Unterfangen ist, da auf mehrere hundert Ehepaare, die sich hierfür Jahr für Jahr bewerben, nur jeweils ein Kind kommt. Weil wir durch meine beruflich bedingten Versetzungen häufig umzogen, mussten wir unser Glück notwendigerweise immer wieder in der jeweiligen Stadt beim zuständigen Stadtjugendamt aufs Neue versuchen – ohne Erfolg. 1989 zogen wir nach München, nahmen wie üblich sofort Kontakt zum Stadtjugendamt auf und trugen unseren Wunsch vor. Nachdem unsere persönlichen Verhältnisse wie üblich mehrere Male von der zuständigen Mitarbeiterin überprüft worden waren, befragten wir diese nach unseren Chancen in München. Sie war offen und ehrlich und sagte, dass diese verschwindend gering seien. Einigermaßen konsterniert fragten wir die Sozialpädagogin, wie wir uns weiter verhalten sollten. Ihre Antwort war: „Halten Sie einfach so gut wie möglich Kontakt zum Jugendamt. Der größte Fehler wäre es, darauf zu warten, dass wir Sie eines Tages anrufen, um Ihnen mitzuteilen, dass Ihr Wunsch in Erfüllung geht."

Wir folgten diesem Rat. Meine Frau und ich legten uns einen Zeitplan zurecht und rieten abwechselnd jede Woche die zuständige Mitarbeiterin des Stadtjugendamtes an. Wenn wir diese nicht persönlich erreichten, hinterließen wir ihr einen Gruß auf ihrem Anrufbeantworter oder baten ihre Kollegen, ihr unsere Bitte um

Rückruf auszurichten. Wir schickten Karten aus dem Urlaub und blieben ausdauernd hartnäckig. Die Strategie war die richtige: Am 11. August 1991 erhielten wir den Anruf von unserer Glücksfee, dass wir uns umgehend im Krankenhaus Schwabing einfinden sollen, um dort unseren Sohn Marius in die Arme zu schließen. Er war drei Tage vorher gesund geboren worden. Dies war das größte Geschenk unseres Lebens. Hätten wir den guten Rat dieser Dame nicht befolgt und uns nicht zwei Jahre lang hartnäckig um eine Adoption bemüht, wären unsere Bemühungen um ein Kind erfolglos geblieben.

Also: Wer kennt den, den *Sie* gerne kennen lernen möchten?

Erledigen Sie auch 'mal unangenehme Arbeiten für Ihre Kunden!

Heilige sind Menschen, die bereit sind,
sich für andere zu bücken und nicht vor anderen.
                                                        Friedrich Schorlemmer

Wenn Sie sich nicht zu schade sind, auch einmal „niedere" Dienste für Ihre Kunden zu verrichten, wachsen Ihre Reputation und Ihr Ansehen enorm. So helfen viele erfolgreiche Verkäufer, die über die entsprechenden Kenntnisse verfügen, Ihren Kunden Jahr für Jahr bei der Einkommensteuer-Erklärung.

Angenommen, Sie verkaufen Maschinen im Wert von mehreren Hunderttausend Euro pro Jahr, dann lassen Sie es nicht bei einem förmlichen Dankesschreiben für den Auftrag bewenden. Erscheinen Sie persönlich bei der Inbetriebnahme dieser Maschinen. Legen Sie das Jackett ab, krempeln Sie die Ärmel hoch und packen Sie mit an. Lassen Sie ruhig einige Fotos von der Aktion schießen, denn diese können Sie in Ihre Verkaufsmappe integrieren.

Erinnern Sie sich noch an den Architekten Hoffmann, bei dem ich mein Haus gekauft habe? Als wir vor zehn Jahren in unser Eigenheim einzogen, stand Peter Hoffmann, ein sehr wohlhabender Mann, schwitzend in Jeans und T-Shirt in unserem Neubau und räumte den Bauschutt eigenhändig aus dem Haus – und das am Ostersonntag! Das hat meiner Frau und mir sehr imponiert.

Halten Sie die Verbindung zu Ihrem Netzwerk!

Halten Sie die Türe für Menschen, mit denen Sie einmal Kontakt hatten, stets offen. Der Volksmund sagt nicht umsonst: „Man sieht sich immer zweimal im Leben." Lassen Sie niemanden hängen, der in ein Tief geraten ist. Unter uns Menschen gibt es viele Stehaufmännchen, die schon nach kurzer Zeit wieder obenauf sind oder vielleicht sogar zu denen zählen, die stets auf die Füße fallen.

Die nützlichste Ware, die ich kenne, ist die Information. Ihr Netzwerk wird es Ihnen danken, wenn Sie es mit den Informationen versorgen, die es tatsächlich interessiert, denn die Kunden auf dem Laufenden zu halten, ist vielleicht die wichtigste und beste Dienstleistung, die man überhaupt erbringen kann. Verwenden Sie täglich eine bestimmte Zeit darauf, Mitteilungen und Informationen per Brief, Fax, SMS oder E-Mail an Ihr Netzwerk zu versenden. Oder hinterlassen Sie einfach einen Gruß auf dem Anrufbeantworter. In unserem Zeitalter, in dem weltweit Millionen Menschen online sind, eignen sich natürlich E-Mails ganz hervorragend, um Jemandem in Sekundenschnelle Informationen zukommen zu lassen. Surfen Sie im Internet, studieren Sie den Wirtschaftsteil einer renommierten Tageszeitung – bleiben Sie also einfach stets auf der Höhe Ihrer Zeit, damit Sie im Gespräch mit den verschiedensten Menschen nie um ein Gesprächsthema ver-legen sind! Sie werden sehen, dass sich diese zeitliche Investition auszahlt.

In diesem Zusammenhang möchte ich Sie mit einem Instrument bekannt machen, das ich seit einigen Jahren fast täglich verwende, um auf diesem Wege den Kontakt mit Freunden, Bekannten, Verwandten, Kunden und anderen Menschen, die mir am Herzen liegen, zu halten:

Dieses Instrument ist eine Karte, gedruckt auf stabilem Papier im Visitenkartenformat, die so aussieht:

> *Für Sie, sehr geehrte/r*
> *Frau/Herr* .... *entdeckt!*
>
> *Mit den besten Grüßen*
>
> *Jürgen Hauser*

Die Rückseite dieser Karte habe ich mit folgendem Text bedrucken lassen:

> **Wo liegt der Unterschied zwischen Theorie und Praxis?**
>
> *In der Tat!*

Ich trage den Namen des Empfängers in diese Karte ein und unterschreibe sie. Dann klammere ich sie an einen Zeitungsartikel oder an eine andere für den Empfänger nützliche Information, die ich dem Netzwerkpartner dann ohne weiteren Kommentar schicke. Es ist nicht nötig, dazu lange, erklärende Briefe zu schreiben. Der Beschenkte weiß meine Aufmerksamkeit und die Tatsache, dass ich für ihn mitlese, sehr wohl zu schätzen.

Welche Ideen haben *Sie*, um interessante Informationen an Ihr Netzwerk weiterzugeben? Wie könnten Sie die Karte variieren, damit diese zu Ihrem eigenen, unverwechselbaren Stil passt? Wie lautet Ihr persönliches Motto für die Rückseite der Karte? Oder möchten Sie das Motto vielleicht bei jedem Neudruck der Karte ändern? Entwickeln Sie eine persönliche Strategie, um den Leuten im Gedächtnis zu bleiben.

Setzen Sie alles auf eine Karte: Ihre Geschäftskarte!

Auch zur „Visitenkarte" selbst möchte ich Ihnen an dieser Stelle noch ein paar wichtige Überlegungen mit auf den Weg geben. Wenn man zu Urgroßvaters Zeiten bei höher gestellten Herrschaften vorstellig wurde, öffnete dem Besucher in der Regel ein Bediensteter des Hauspersonals. Diesem überreichte man damals seine Visitenkarte und wurde mit dieser bei seinem Gesprächspartner angemeldet. Die für diesen Besuchszweck entwickelte Karte bekam daher ihren noch heute gültigen Namen: Visitenkarte. Der Begriff der Visitenkarte ist mittlerweile allerdings antiquiert, da diese Karte heutzutage einen anderen Zweck erfüllt. Heute müssen wir eher von einer Geschäftskarte als von einer Visitenkarte sprechen. In Japan hat diese Geschäftskarte einen wesentlich höheren Stellenwert als hier: in Fernost ist es ein selbstverständliches Ritual, dass man bei einem ersten geschäftlichen Kontakt seine Geschäftskarte überreicht: das Gegenüber steckt diese nicht – wie bei uns leider häufig üblich – achtlos ein, sondern hält sie mit beiden Händen vor das Gesicht und liest laut den Vor- und Zunamen sowie den Titel des Gegenübers und den Namen seiner Firma vor und verneigt sich dabei leicht. Eine schöne, weil respektvolle Geste!

Und in Deutschland? Häufig erlebe ich, dass Verkäufer nicht wissen, dass dieses kleine Stück Papier im Geschäftsleben ein „Sesam-öffne-dich"-Werkzeug sein kann, unersetzlich - vor allem im Umgang mit neuen Geschäftspartnern. Und daraus resultiert häufig krasses Fehlverhalten.

Die folgenden Negativ-Beispiele habe ich selbst erleben müssen:

▶ Als ich einen Schreinermeister nach seiner Geschäftskarte fragte, meinte er, er würde keine besitzen. Das Gleiche passierte mir kurz darauf bei einem Architekten. – Machen beide keine Geschäfte, weil sie nichts verkaufen, keine Produkte und Dienstleistungen?

▶ Auf meine Nachfrage hin überreichte mir ein Handwerksmeister eine zerknitterte, mit Kaffeeflecken beschmutzte Geschäftskarte, die auch noch mit Notizen beschriftet war. – Sehen die Produkte seiner Tätigkeit ähnlich unansehnlich aus?

▶ Ein Steuerberater, von dem wir ja per se Exaktheit und Korrektheit erwarten sowie, dass er immer auf dem neuesten Stand ist, überreichte mir im Jahre 2004 eine Geschäftskarte mit der alten noch vierstelligen Postleitzahl des Ortes, in dem seine Kanzlei ihren Sitz hat! – Ist dieser Vertreter seiner Zunft in Bezug auf die aktuelle Steuergesetzgebung ähnlich „up to date"?

▶ Von einem Gerüstbauer erhielt ich eine Geschäftskarte, auf der die angegebene Fax-Nummer falsch war: dies bemerkte ich erst, als ich ihm ein Telefax schicken wollte und dies trotz mehrerer Versuche nicht gelang. Auf Nachfrage erklärte er mir lapidar, dass die Druckerei einen Fehler gemacht hätte. – Halten seine Gerüste auch nicht was sie versprechen?

In unserer heute so schnelllebigen Zeit ist die Bedeutung der Geschäftskarte zum Anknüpfen von Geschäftsbeziehungen leider in den Hintergrund getreten. Selbstbewusstsein und Offenheit sollen die Karte wohl häufig ersetzen. Nur noch auf Anfrage tauscht man Geschäftskarten aus. Aber vernachlässigte Umgangsformen zahlen sich eben nicht aus, im Gegenteil: manchmal kann das Versäumnis sogar viel Geld kosten wie die Beispiele oben zeigen.

Folgende Merksätze gelten also zum Umgang mit Geschäftskarten:

▶ Wenn Sie eine eigene Firma haben, geben Sie Geld für einen kreativen Designer aus, der Ihnen ein Firmenlogo entwickelt.

- Geben Sie in der Druckerei eine gute Papierqualität in Auftrag.
- Haben Sie immer (!) ausreichend Geschäftskarten dabei.
- Überreichen Sie bei jedem Kontaktgespräch gleich zu Beginn Ihre Geschäftskarte: Sie werden dann in der Regel im Austausch die Karte Ihres Gegenübers erhalten.
- Behandeln Sie die Geschäftskarte Ihres Gegenübers – ähnlich wie in Japan – mit der gebührenden Wertschätzung.
- Geben Sie täglich eine Geschäftskarte an eine Ihnen bislang fremde Person.
- Legen Sie Ihre Geschäftskarte jeder Rechnung, Bestellung und jedem Brief bei.
- Versehen Sie Ihre Geschäftskarte mit Ihrer kompletten Anschrift sowie Ihrer E-Mail-Adresse, aber verzichten Sie auf die Nennung Ihrer Mobilfunk-Nummer, wenn Sie dieses selten nutzen oder keine Mailbox eingerichtet haben, die Sie täglich abhören.
- Nennen Sie gegebenenfalls die Öffnungszeiten Ihres Geschäftes.
- Versehen Sie die Rückseite Ihrer Geschäftskarte mit einer Philosophie oder Botschaft.
  Folgende Beispiele bieten sich an:
  Für den Steuerberater: „Geld genug wäre ja da, nur noch nicht hier!"
  Für den Anbieter von Seminaren: „Update your mind!"
  Für die Floristin: „Mit uns blühen Sie auf!"
  Für den Gerüstbauer: „Wir geben Ihren Werten Halt!"
  Lassen Sie sich hierfür etwas wirklich Gutes einfallen. Überlegen Sie genau, mit welcher Leistung oder Idee Sie verbunden werden wollen, denn gelungene Botschaften werden mit Ihnen als Person assoziiert. Das kann verstärkende Imagewirkung haben.
- Lassen Sie sich zusätzlich zu Ihrer Geschäftskarte noch eine Karte mit Ihren privaten Adressdaten drucken.

Sie sehen also, Geschäftskarten, richtig genutzt, sind bares „Netzwerk-Kapital", welches im Laufe der Zeit gute Zinsen einbringen wird!

Der Inhalt dieses Kapitels lässt sich zusammenfassen in den Worten:

Wer einen hohen Turm baut,
muss lange am Fundament verweilen.

Das folgende Kapitel wird der Frage gewidmet sein, wo man mit dem Bau seines ganz persönlichen Turms beginnen sollte.

Checkliste: Wie organisiere ich mein Netzwerk?

1. Wie könnte ich die Daten von für mich wichtigen Menschen sammeln und organisieren?
   _____
   _____
   _____

2. Welche Daten werde ich sammeln? Wann werde ich damit beginnen?
   _____
   _____
   _____

3. Welche Geschenkideen fallen mir zu welchen Menschen ein?
   _____
   _____
   _____

4. Welches „Beziehungskonto" führe ich zur Zeit im „Soll"?
   _____
   _____

5. Was könnte ich tun, um das Konto auszugleichen oder ins „Haben" zu überführen?

   _____
   _____
   _____

6. Wann werde ich dies tun?

   _____
   _____
   _____

7. Wie ist es um meine Kreativität bestellt? Wie könnte ich gegebenenfalls noch kreativer werden?

   _____
   _____
   _____

8. Wer kennt den, den ich gerne kennen lernen möchte?

   _____
   _____
   _____

9. Wie will ich Kontakt zu meinem Netzwerk halten? Welche Hilfsmittel benötige ich unter Umständen dazu?

   _____
   _____
   _____

4 Jede Menge Gelegenheiten, wertvolle Beziehungen zu knüpfen

Familienmitglieder, Freunde und Bekannte

Theoretisch könnten Sie zu jedem Menschen auf der Welt einen Kontakt knüpfen. Aber eben nur theoretisch, denn unsere Lebenszeit ist begrenzt. Richten Sie Ihren Fokus also auf die Menschen, die für *Ihr* Leben die meiste Bedeutung haben: auf Familienmitglieder, Freunde und Bekannte.

> *Ein Leben ohne Feste*
> *ist wie eine weite Reise ohne Gasthaus.*
>
> *Demokrit*

Unser engstes Umfeld ist nun einmal der Bereich, der uns Menschen emotional den meisten Halt gibt. Deswegen sind intakte Beziehungen in diesem Bereich von herausragender Bedeutung.

Familie
Manch erfolgreicher Verkäufer ist beruflich ein Profi, privat jedoch leider ein Amateur. Er unterschätzt, wie wichtig und hilfreich die Partnerschaft, das Verhältnis zu den Kindern und der Bezug zu den Eltern und Geschwistern für dauerhafte berufliche Höchstleistungen sind.

Nicht umsonst legen die meisten Vorstände großer Firmen bei Bewerbern für Managerpositionen den allergrößten Wert darauf, dass diese verheiratet sind und in geordneten Familienverhältnissen leben. Leitende Angestellte benötigen aufgrund der Härte des Jobs den Rückhalt ihrer Familie. Wer beruflich erfolgreich ist, privat jedoch versagt, steht – bildlich gesprochen – mit einem Fuß auf der Herdplatte und mit dem anderen im Kühlschrank. Menschen, die so leben, glauben häufig auch noch, dass das statistische Mittel aus Eiseskälte und glühender Hitze insgesamt immer noch eine angenehme Temperatur, das heißt: ein gutes Klima ergäbe.

Vergessen Sie deshalb neben dem wichtigen Lebensbereich „Leistung und Arbeit" nicht die drei anderen ebenso wichtigen Bereiche:

- Kontakt und Soziales
- Körper und Gesundheit
- Kultur

Alle vier Lebensbereiche stehen in einer wechselseitigen Abhängigkeit. Wenn Sie permanent Ihre beruflichen Aktivitäten in den Vordergrund stellen, leidet Ihr soziales Leben. Insofern ist es nicht verwunderlich, dass die Ehen von Menschen, die im Beruf Hochleistungen erbringen, oft scheitern. Denn das Eheglück ist abhängig vom „Beziehungskonto", das beide Partner führen: Einzahlungen auf das Konto bestehen in ernst gemeinten lieben Worten und Komplimenten, Geschenken, emotionaler Zuwendung und erfülltem Sex. Abbuchungen sind die Verstimmungen, Kränkungen, Enttäuschungen und Streitereien. Jedes Paar, das aus Liebe zusammengefunden hat, startet logischerweise mit einem respektablen Guthaben. Doch das emotionale Startkapital ist häufig schon nach kurzer Zeit aufgebraucht. Schlimm für die, die dann in die „roten Zahlen" rutschen. Seltsamerweise heben viele Paare bedenkenlos vom Beziehungskonto ab. Eine verletzende Bemerkung macht jedoch unzählige liebevolle Gesten zunichte. Es gibt wohl kaum jemanden in unserem Umfeld, den wir so beschimpfen, unter Druck setzen, herumkommandieren, kritisieren oder schikanieren wie unseren Partner. Kein General käme auf die Idee, zwischendurch einmal seine Verbündeten anzugreifen. Wieso tun Ehepartner sich das mit solcher Begeisterung an?

Die Devise für den Alltag sollte heißen: viel weniger kränken, viel mehr loben! Häufig reicht es schon, wenn Sie sich bemühen, täglich einige wenige Minuten mehr Ihrer Partnerschaft zu widmen. Kleine Gesten und Aufmerksamkeiten erfordern etwas Kreativität, halten aber jede Beziehung frisch und lebendig.

Wie viel Zeit widmen Sie Ihrem Nachwuchs? Gerade einmal durchschnittlich 55 Minuten täglich sind Väter in Deutschland für ihre Kinder da. Wie soll so eine tragfähige und dauerhaft enge Beziehung zwischen Vater und Kind entstehen? Also: Machen Sie einen Termin mit sich selbst, um Ihre wichtigsten Beziehungen zu festigen!

Freunde

> *Jedermann will einen Freund haben,*
> *aber niemand gibt sich die Mühe, auch einer zu sein.*
> *Alfred Kerr*

„Ein Freund, ein guter Freund, das ist das Beste, was es gibt auf der Welt!" Das sangen schon die Comedian Harmonists. Wie wichtig sind *Sie* für Ihre Freunde? Was tun Sie, um Freundschaften lebendig zu erhalten? Wenn Sie von sich behaupten dürfen, Freunde zu haben, dann haben Sie in der Vergangenheit viel getan, um diese für sich zu gewinnen. Deshalb müssen Sie den Kontakt halten! Haben Sie alle Geburtstage und weitere wichtige Termine Ihrer Freunde im Organizer notiert? Wie steht es um Ihr Beziehungskonto bei Ihren Freunden? Ich empfehle generell, mehr Einzahlungen als Abhebungen zu tätigen. Angenommen, Sie würden von heute auf morgen in finanzielle Schwierigkeiten geraten oder gar Konkurs anmelden müssen. Wie viele Menschen würden Ihnen ohne zu Zögern sofort helfen, wenn Sie sie um ein Darlehen in Höhe von 10.000 Euro bitten würden? Sollten Sie nach ehrlicher Beantwortung dieser Frage auf weniger als fünf echte Freunde kommen, dann sollten Sie dringend etwas für das Auffüllen Ihrer Beziehungskonten tun! Denn beim Geld hört die Freundschaft nicht auf – da fängt sie manchmal erst an!

Enge Vertraute will fast jeder haben, doch in der „Ego-Gesellschaft" haben viele vergessen, dass man für Freundschaften auch etwas tun muss. Gerade in der heutigen Zeit sind Freunde wichtiger denn je, da sie mittlerweile die Familienbande, die früher besser und enger waren als heute, ergänzen, manchmal sogar ersetzen. Schon der weise Aristoteles wusste vor 2300 Jahren: „Ohne Freunde möchte niemand leben, auch wenn er die übrigen Güter alle zusammen besäße." Die Realität sieht jedoch leider anders aus: Jeder fünfte Deutsche besitzt nach eigenen Angaben keinen einzigen guten Freund. Logischerweise geben diese Menschen an, sich häufig einsam zu fühlen. Die Ursache? Freundschaft ist nicht nur Gefühl und guter Wille, sondern vor allem ein Tätigsein: Man muss dem Anderen die Freundschaft immer aufs Neue bezeugen.

Denjenigen unter uns, die um die Wichtigkeit ihrer Beziehungen zu ihren Freunden wissen, ist klar: Wer anderen hilft, hilft sich selbst am meisten.

Funktionsträger, Beamte und VIPs

Es verwundert nicht, dass die erfolgreichsten Verkäufer Netzwerke mit Meinungsmachern und Menschen mit Vorbildfunktion aufbauen, da sie wissen, dass die Kaufkraft in dieser wohlhabenden Zielgruppe siebenmal schneller wächst als die der Durchschnittsbevölkerung.

Alexander Christiani

Wenn Sie Probleme haben, die Sie nicht selbst lösen können – und die haben wir alle von Zeit zu Zeit – , dann brauchen Sie ein Umfeld, das Ihnen mit Spezial-Wissen oder besonderen Befugnissen zur Seite steht. Diese Beziehungen müssen auch von wechselseitigem Vertrauen geprägt sein.

Ärzte – Erste Hilfe in prekären Situationen

Wenn Sie tagelang unter Schwindelgefühlen leiden und nicht recht wissen, an wen Sie sich Hilfe suchend wenden sollen, so ist das bitter. Ist doch die Gesundheit unser wichtigstes Gut, ohne das alles andere nichts ist. Wohl dem, der in seiner Networking-Kartei über einen Kontakt zu einem Radiologen verfügt, bei dem er rasch einen Termin erhält, um sich durchchecken lassen zu können, anstatt – wie üblich – wochenlang auf einen Untersuchungstermin warten zu müssen. Sollten Sie in Ihrem Netzwerk über keine Kontakte zu guten Ärzten verfügen, so wäre die zweitbeste Lösung, einen Bekannten zu kontaktieren, der Ihnen den gewünschten Termin schnell verschaffen kann.

Steuerberater und Wirtschaftsprüfer
Es gibt Steuerberater, die schlichtweg die Weitergabe Ihres Geldes an das Finanzamt organisieren. Es gibt aber auch Steuerberater, die Sie erfolgreich *beraten*. Haben Sie Geld zu verschenken? Das Geld, das Sie einmal an das Finanzamt überwiesen haben, ist auf Nimmerwiedersehen weg. Für diese Einnahmen haben Sie als Verkäufer hart gearbeitet! Fragen Sie sich, wer *der* Steuerberater oder Wirtschaftsprüfer *der* Geschäftsleute an Ihrem Ort ist, die am meisten Erfolg haben und lassen Sie sich die Anschrift geben. Außerdem haben Sie doch sicher beruflich erfolgreiche Kunden. Die könnten Sie ebenfalls um die Anschrift ihres Beraters bitten.

Rechtsanwälte
Verkäufer im Außendienst fahren überdurchschnittlich viel Auto. Daher ist ihre Fahrerlaubnis relativ stark gefährdet. Und Recht haben und Recht bekommen ist leider nicht immer dasselbe. Viele Verkäufer müssen in ihrem Berufsleben leider einmal oder mehrere Male die Hilfe eines Anwalts in Anspruch nehmen. Wohl dem, der ein Netzwerk zu den besten Rechtsanwälten seiner Stadt unterhält! Sofern Sie über einen Kontakt zu einer großen Sozietät mit Fachanwälten für Vertrags-, Verwaltungs- und Arbeitsrecht verfügen, sind Sie fein 'raus! Falls Sie selbst keine Kontakte zu Anwälten haben, können Ihnen sicherlich die erfolgreichsten Geschäftsleute Ihrer Stadt oder ihr Steuerberater und Wirtschaftsprüfer weiterhelfen.

Versicherungsprofis
Die gesetzlichen Krankenversicherungen bauen ihre Leistungen immer mehr ab. Die staatliche Unfallversicherung zahlt lediglich

bei Arbeitsunfällen. Die soziale Rentenversicherung kann künftig nur noch eine Mindestversorgung leisten, und die Berufsunfähigkeitsrente für alle unter 40-Jährigen wurde ersatzlos gestrichen.

Lassen Sie sich deshalb aus Ihrem Netzwerk einen Vollprofi aus der Assekuranz empfehlen, der Sie eingehend berät. Ansonsten werden Sie es im Katastrophenfall sicherlich bereuen. Übrigens: Versicherungsprofis verfügen immer über ein erstklassiges Netzwerk. Fragen Sie danach! Denn Sie möchten doch sicherlich Ihr eigenes Netzwerk ausbauen, oder?

Ranghohe Polizeibeamte
Sollte Ihnen nach einem Abendessen mit sechs Vierteln Wein und drei Grappa auf der beschwingten Autofahrt nach Hause der Führerschein entzogen werden, so kann Ihnen selbst der Polizeipräsident, der Ihr Skatbruder ist, nicht helfen. Es ist jedoch denkbar, dass Sie im Laufe Ihres Lebens einmal in eine prekäre Situation geraten, in der die Staatsmacht sich schützend vor Sie stellen kann. Sie kennen keinen ranghohen Polizisten? Die Gewerkschaft der Polizei veranstaltet alljährlich einen „Polizei-Ball", der öffentlich zugänglich ist. Vielleicht versuchen Sie es hier einmal. Die Termine nennt Ihnen die Gewerkschaft der Polizei (GdP oder DPoIG). Fragen Sie auf Ihrem Polizeirevier nach einem Gewerkschaftsmitglied. Die meisten Polizisten sind gewerkschaftlich organisiert und können Ihnen die Termine des „Polizei-Balls" nennen.

Genauso nützlich können Ihnen auch Kontakte zu Beamten aus anderen Bereichen oder zu Angestellten im Öffentlichen Dienst sein. Der Leiter der örtlichen Feuerwehr, der Verwaltungschef des nächsten Krankenhauses oder der Berufsberater beim Arbeitsamt können Ihnen vielleicht einmal einen nützlichen Dienst erweisen. Falls Sie Kinder haben, ist es von Vorteil, den einen oder anderen Lehrer zu kennen.

Kommunalpolitiker
Vielleicht sind Sie Eigenheimbesitzer und wollen an Ihrem Wohnzimmer einen Wintergarten anbauen? Bekanntlich ist der Deut-

sche in seiner Eigenschaft als Nachbar sehr streitlustig. Daher könnte es sich irgendwann einmal als hilfreich erweisen, wenn man einen guten Draht zu einem Kommunalpolitiker pflegt.

Und so könnte man diesen Kontakt herstellen: Wenn Sie im Lokalteil Ihrer Zeitung gelesen haben, dass der Gemeinderat einen Besuch in der toskanischen Partnerstadt plant, könnten Sie, sofern Sie ein Kenner der Toskana und im Besitz etlicher Unterlagen über dieses schöne Reiseziel sind, Ihrem Bürgermeister eine Freude machen, indem Sie eine nette Toskana-Reisemappe zusammenstellen und diese, mit einigen freundlichen Zeilen versehen, im Vorzimmer des Rathauses abgeben. Der Alltag eines (Ober)-Bürgermeisters besteht aus jeder Menge Ärger. Deshalb wird er sich über Ihre nette Geste freuen. („Mein" Oberbürgermeister hat sich sehr gefreut!)

Prominente
Vielleicht haben Sie noch nie im Leben mit dem Gedanken gespielt, einige prominente Zeitgenossen kennen zu lernen. Warum eigentlich nicht? Auch Prominente haben Freunde. Sie kaufen Immobilien, Autos, Versicherungen, Anzüge, Schmuck, ja sogar Flugzeuge und Schlösser. Bemerkenswert ist: Je reicher jemand ist, desto stärker ist sein Bedürfnis ausgeprägt, sich bei der Auswahl von Dienstleistungen und Produkten durch den persönlichen Rat von Experten unterstützen zu lassen.

Wie aber lernt man Prominente kennen? Versetzen Sie sich in die Welt der Person, die Sie gerne kennen lernen möchten und beginnen Sie, sich für die Dinge zu interessieren, die das Leben dieser Person ausmachen. Wenn Sie beispielsweise den Moderator Dr. Roger Willemsen kennen lernen wollen, besorgen Sie sich bei einem Insider einen brandheißen CD-Tipp. Schicken Sie diese CD mit ein paar netten Zeilen und mit der Bitte um Weiterleitung an das ZDF. Roger Willemsen wird sich freuen. Er wird Ihnen antworten und Ihnen danken. Garantiert, und zwar ausführlich und handschriftlich!

Vielleicht sind Sie Verkaufsleiter, planen eine Motivationsveranstaltung für Ihren Außendienst und sind auf der Suche nach einem außergewöhnlichen Gastreferenten. Als bei mir eine solche Veranstaltung ins Haus stand, verfolgte ich im Fernsehen zufällig die Geschichte des Triathleten Andreas Niedrig. Niedrig gehört zur absoluten Weltspitze im „Ironman" – der härtesten Sportart der Welt: 3,8 Kilometer schwimmen, danach 150 Kilometer Fahrrad fahren und anschließend ein Marathonlauf von 42 Kilometern. Ich verfolgte die Fernsehsendung mit wachsendem Interesse, weil im Laufe der Sendung berichtet wurde, dass Andreas Niedrig bis vor elf Jahren drogenabhängig war. Über seine Geschichte wurde ein Buch mit dem Titel „Vom Junkie zum Ironman" geschrieben. Außerdem war Niedrig Gast in zahlreichen Talkshows. Der „Spiegel", die „Frankfurter Allgemeine Zeitung" und die „Zeit" berichteten über seine zwei „Karrieren". Diesen außergewöhnlichen Mann wollte ich als Gastreferenten für meine Veranstaltung gewinnen! Aus dem Sportteil der Zeitung entnahm ich Niedrigs Wohnort. Ich nahm Kontakt zu seiner Mutter auf und faxte ihr einen Brief mit der Bitte, ihn an ihren Sohn weiterzuleiten. In dem Brief stellte ich mich vor, gratulierte Niedrig zu seiner enormen sportlichen Leistung beim letzten Wettkampf in Roth und lud ihn zu meiner Veranstaltung ein. Er kam! Und sein Vortrag war die Krönung dieses Events.

Keine Angst: Mehr als „Nein" sagen kann auch ein Prominenter nicht. Trauen Sie sich!

Lobbygruppen

Der isolierte Mensch kommt nicht ans Ziel.
Johann Wolfgang von Goethe

Berufliche, aber auch private Ziele erreichen Sie eher und schneller, wenn Sie sich mit Gleichgesinnten und Menschen mit ähnlichen Interessen oder dem gleichen Beruf austauschen. Auf diese Weise können Sie wichtige Informationen erhalten und Hilfestellungen bekommen.

Vereine und Ehrenämter
Rund 22 Millionen Bundesbürger sind in ihrer Freizeit ehrenamtlich in Verbänden, Initiativen oder sozialen Projekten aktiv. In jedem Ort gibt es eine große Anzahl von Vereinen, Interessengemeinschaften und Clubs. Sicherlich ist Ihnen schon aufgefallen, dass gerade *die* Menschen mit Vereinsfunktionen betraut sind, die beruflich mehr als ausgelastet sind. Diese Menschen wissen, dass sie in diesen Ämtern

▶ Informationen, Fakten und Daten erhalten, die sie sonst gar nicht oder nicht in ausreichender Menge bekommen würden,

▶ Vorabinformationen bekommen, die sie vielleicht für ihr Geschäft benötigen und

▶ Freunde mit entsprechenden Verbindungen gewinnen werden, die geschäftlich nutzbringend sein können.

Ein Beispiel: Klaus Franck, ein guter Freund von mir aus gemeinsamen Schulzeiten, studierte Jura und ließ sich anschließend in Freiburg als Rechtsanwalt nieder. Da er noch keine Mandanten hatte, beschäftigte er sich zunächst mit der Infrastruktur seines Stadtteils und stellte fest, dass dieser zwar über ein großes Gewerbegebiet verfügt, dass aber noch kein Gewerbeverein existierte. Er sprach die Selbständigen an seinem Ort sukzessive an und weckte ihr Interesse, einen solchen zu gründen. Er entwickelte eine entsprechende Satzung und wurde prompt zum Vorsitzenden des Gewerbevereins gewählt. Es ist klar, dass sich viele der Selbständigen heute in juristischen Fragen von Klaus Franck beraten lassen.

Also: Sie können im Verein und im Ehrenamt Gutes tun *und* selbst bessere Geschäfte machen, wenn Sie sich dort aktiv engagieren.

Wirtschafts- und Berufsverbände
Nehmen wir einmal an, die Handwerkskammer – das ist die Selbstverwaltung des Handwerks – wurde kürzlich saniert und umgebaut. Wer Mitglieder des „Parlaments" einer Handwerkskammer, also die Obermeister der verschiedenen Innungen kennt,

wird feststellen, dass häufig deren Firmen an solchen Arbeiten beteiligt sind. Denn auch hier gilt: Durch jahrelange Zusammenarbeit und durch das ehrenamtliche Engagement in diesen Gremien entsteht Vertrauen und das Wissen um die Verlässlichkeit des anderen. Und es gibt durchaus Fälle, in denen Unternehmer im Interesse des Ganzen auf ihren Lohn verzichtet haben.

Außerdem bieten Wirtschafts- und Berufsverbände die Möglichkeit, Gleichgesinnte kennen zu lernen – und damit auch deren Netzwerk, das Ihnen wiederum weitere geschäftliche Anknüpfungspunkte liefern kann. Das ist der Grund, warum die meisten einflussreichen Menschen in mehreren Interessengruppen, zum Beispiel in Unternehmer- oder Berufsverbänden, Handelsgenossenschaften, Vereinen, Clubs oder politischen Parteien Mitglied sind.

Möglichkeiten gibt es für Sie genug: sei es in der Vollversammlung der Handwerks- oder Industrie- und Handelskammer oder im betriebswirtschaftlichen Ausschuss der IHK. Dort werden Existenzgründungsseminare angeboten, in denen Sie als Referent fungieren könnten. Ferner könnten Sie sich dort als ehrenamtlicher Prüfer für die Aus- und Weiterbildung im kaufmännischen Bereich anbieten. Kontakte und Gespräche in diesen Gremien bieten oft unvorhergesehene Chancen. Aus keinem anderen Grund wurden Studentenverbindungen oder Traditionsclubs wie Lions, Rotary oder Ambassador gegründet.

Wer im Beruf weder etabliert ist noch im Verkauf als alter Hase gilt, kann in den Junioren-Vereinigungen ins Clubleben hineinwachsen. Beispielsweise beim „Round table", einem – leider – reinen Männer-Club für 18- bis 40-jährige, der den Erfahrungsaustausch zwischen Berufstätigen aller Bereiche fördern will und nach dem Motto „adopt, adapt, improve" (etwa: annehmen, anpassen, verbessern) verfährt. Denn wer eine neue Stelle zu besetzen oder einen Auftrag zu vergeben hat, fragt sicherlich zuerst bei seinen Clubfreunden nach.

First Tuesday
Am ersten Dienstag im Oktober 1998 führten die vier Engländer Julie Meyer, Mark Davies, Adam Gold und Nick Denton in einer Londoner Bar eine Veranstaltung durch, die sie, weil ihnen nichts Besseres einfiel, nach dem Tag des Treffens benannten: „First Tuesday". Mittlerweile finden in über achtzig Städten Europas und Amerikas an jedem ersten Dienstag im Monat Treffen statt. Menschen, die Ideen, aber kein Geld haben und Geschäftsleute, die zwar Geld haben, aber gute Ideen suchen, kommen hier zusammen. Sie reden über Geld und über Geschäftsideen, und am Ende gehen immer einige von ihnen nach Hause mit dem Gefühl, dass sie bald gemeinsam geschäftlich erfolgreich sein werden. Laut Veranstalter sind auf diesen Zusammenkünften bislang mehr als 150 Millionen Dollar Startkapital von Geldgebern zu Ideengebern geflossen.

Also: Wenn Sie eine hervorragende Idee, aber leider kein Geld haben, ist der „First Tuesday" genau das Richtige für Sie! Das gilt natürlich auch umgekehrt. Der First Tuesday wird in Kongresszentren oder leeren Fabrikhallen veranstaltet. Achten Sie auf Pressemitteilungen!

Oder haben Sie vielleicht Lust, einen eigenen Treff – vielleicht in Form eines Stammtisches oder als Jour fixe – zu initiieren?

Havanna-Lounge
Schwere Clubsessel, Eichendielen und knisterndes Kaminfeuer prägen die Atmosphäre in der Berliner „Havanna-Lounge". Der Zutritt ist allerdings nur Mitgliedern gestattet, die Aufnahmegebühr beträgt 1300 Euro. Der Jahresbeitrag liegt bei 400 Euro. Diese Investition lohnt sich für jeden „Hochleistungsverkäufer", und zwar auch dann, wenn er Nichtraucher ist.

In der Havanna-Lounge trifft sich die Elite. Hollywood-Star Michael Douglas ist ebenso Mitglied wie 007-Darsteller Pierce Brosnan; Filmproduzent Horst Wendlandt liebt es, im Club Geschäfte einzufädeln. Der Hamburger Finanzmakler Tobias Hundertmark, 37, gebar die Lounge-Idee für Auserlesene: „Ich wollte endlich einen Club, der mir hundertprozentig gefällt, einen, der zwar Wert auf Etikette legt, aber trotzdem nicht steif ist, einen, der die Entscheider versammelt, aber keine Altherrenriege ist. Wir sind ein Business-Club, ein Netzwerk, ein Forum für jene, die etwas zu sagen haben. In unserem Club werden, ganz nebenher und beiläufig, auch Geschäfte angebahnt und abgeschlossen." Das Netzwerk trifft sich beim alljährlichen Lounge-Ball und beim monatlichen Dinner-Talk, es spielt einmal im Jahr zusammen Golf und geht sogar gemeinsam auf Reisen. Aufnahmebedingung: Man muss mindestens 28 Jahre alt sein, um Mitglied werden zu können. Warum? Weil die Lounge keine reichen Erben will. Alle Mitglieder müssen es durch eigene Leistungen zu etwas gebracht haben.

Verschiedene Arten von Netzwerken

Neben den sozialen Netzwerken, wie z.B. Familie, Freundeskreis und Vereine, den beruflich organisierten Verbänden oder einfach Interessengemeinschaften gibt es noch einige weitere Formen von Netzwerken. Zu „Strategischen Allianzen", die nicht nur zwischen Großunternehmen existieren, sondern auch auf der kleinen Beziehungsebene möglich sind, finden Sie die wichtigsten Punkte ab S. 135. Im Folgenden nun noch ein paar Anmerkungen zu professionellen Netzwerken. Vor allem aber: Schaffen Sie sich Ihr(e) eigene(s) Netzwerk(e)!

Kunden-Klubs als Netzwerke nutzen

Kennen Sie den folgenden Spruch? „Es gibt Leute, die geben Geld aus, das sie nicht haben, für Dinge, die sie nicht brauchen, um damit Leuten zu imponieren, die sie nicht mögen." Dazu stand am 16.09.2002 in der Frankfurter Allgemeinen Zeitung: „Bugatti-Jahresproduktion 2003 ausverkauft". Die FAZ berichtete weiter, dass bereits 75 Vorbestellungen mit einer verbindlichen Anzahlung von jeweil 300.000 Euro vorlägen. Nun, es muss nicht gleich der

Kunden-Klub der Bugatti-Besitzer sein, dem Sie beitreten oder der Klub der Rolls-Royce-Besitzer mit 9.000 Mitgliedern weltweit. Auch die Nobelschmiede Jaguar hat einen „Owners-Club": als Mitglied erhalten Sie das Jaguar-Magazin, eine Option auf die Amexco-Gold-Card, Reiseangebote und eine Golf-fee-Card. Die Mitgliedschaft im „Jaguar finest Club" hingegen sieht ein „Jahresgeschenk", eine Platin-Kreditkarte sowie ein Treffen mit Prominenten vor. Kunden-Klubs gibt es viele! Es stellt sich deshalb für Sie die Frage, welcher Klub aufgrund seiner Mitgliederstruktur für Sie interessant sein könnte. Einem Klub der Auto-Nobelklassen beizutreten könnte beispielsweise dann für Sie interessant sein, wenn Sie im Verkauf von Premium-Produkten oder -Leistungen tätig sind. Sie selbst müssen sich ja nicht unbedingt ein neues Fahrzeug dieser Edelmarke zulegen. Auch ein mehrere Jahre alter Gebrauchtwagen, den Sie zu einem halbwegs erschwinglichen Preis erwerben können, wird Ihnen gute Dienste leisten. Denn, wenn Sie in einem solchen Klub die Gelegenheit haben, Prominente und wirklich Gutverdienende kennen zu lernen, dann ist für Sie wichtig zu wissen, dass die Kaufkraft der Reichen und Einflussreichen siebenmal schneller wächst als die der Durchschnittsbevölkerung. Und je reicher jemand ist, um so stärker ist sein Bedürfnis, sich bei der Auswahl von Produkten durch persönlichen Rat von Experten unterstützen zu lassen. Und Experte sind Sie doch! Oder nicht?

Organisierte Netzwerke

Wenn Sie sich einem organisierten Netzwerk anschließen möchten, ist es für Sie wichtig, dass dieses seriös arbeitet. Schließlich wollen Sie nicht mit Kaufangeboten überschüttet werden und auch vermeiden, dass Ihr eigenes Netzwerk von Dritten missbraucht wird, damit diese ihre eigennützigen Ziele realisieren können. Lassen Sie sich also – wie auch ich – am Besten von jemandem ein organisiertes Netzwerk empfehlen, der diesem bereits beigetreten ist.

Dazu gehören z.B. professionelle Empfehlungs-Organisationen. Der Frankfurter Tom Noeding gründete vor einigen Jahren die professionelle Empfehlungs-Organisation „Meetingplus" (www.meetingplus.de). Die Idee dahinter war, dass sich Menschen aus verschiedenen Branchen gegenseitig weiterempfehlen und sich so wechselseitig neue Aufträge verschaffen. Man trifft sich einmal wöchentlich morgens von 7.30 bis 9.00 Uhr zum Frühstück, um bei diesen regelmäßigen Treffen eine Vertrauensbasis unter den Mitgliedern herzustellen. Lediglich ein Vertreter je Branche bzw. Beruf ist als Mitglied bei jeder örtlichen „Meetingplus"-Organisation zugelassen. Und selbstverständlich wird nachgeprüft, ob die Mitglieder über ausreichende Berufserfahrungen verfügen. Die Regeln von „Meetingplus" sehen außerdem vor, dass alle Mitglieder generell die Geschäftskarten ihrer Netzwerkpartner mit sich führen, um diese bei Bedarf an potenzielle Kunden weiterzugeben.

Wenn Sie also zum Beispiel Mitglied von „Meetingplus" sind, ist Ihr Vorteil, dass zusätzlich zu Ihren Bemühungen um bessere Verkaufserfolge täglich weitere 20 bis 30 Verkäufer für Sie mit Ihrer Geschäftskarte in Ihrem Interesse unterwegs sein werden – kostenlos. Also: Networking vom Feinsten!

Online-Networking

Auch wenn der persönliche Kontakt beim Networking eine niemals zu unterschätzende Rolle spielt, weil ja gerade hier das Vertrauenskapital liegt, so gibt es heute im Online-Zeitalter im Internet durchaus einige gute und erfolgreich funktionierende Netzwerke, die man professionell nutzen kann. Aber ein vorab kritisch prüfender Blick ob der Seriösität des Online-Netzwerks ist in jedem Fall angebracht. Oder Sie vertrauen auch hier der Empfehlung einer Ihnen bekannten Person.

Mir empfahl meine Geschäftspartnerin Sabine Schönleber den Beitritt zum Open Business Club (www.openbc.com): „Seit einem Jahr betreibe ich nun Networking im OpenBC und bin begeistert von dem hohen Potenzial in Bezug auf Erfahrungsaustausch, neue Kontakte und gute Ideen. Die meisten Teilnehmer sind begeisterte Networker. Dadurch gewinnt man sehr schnell Kontakte, auch zu potenziellen Geschäftspartnern und Kunden. Darüber hinaus finde ich es sehr spannend, alte Kontakte wieder aufzufrischen, die man im Laufe der Jahre aus den Augen verloren hat. Natürlich geht es nicht ohne Eigeninitiative. Ich nutze die vielfältigen Kontaktmöglichkeiten aktiv, suche nach Mitgliedern aus meinem Umfeld oder mit gleichen Interessen und nehme aktiv an den verschiedenen Foren teil. Durch die regelmäßige Veröffentlichung von Beiträgen und Kommentaren in den Foren ergeben sich spannende Diskussionen und interessante Kontakte innerhalb einer qualifizierten Gemeinschaft, die sonst nicht zustande gekommen wären. Die umfangreichen Suchfunktionen ermöglichen es, ganz gezielt nach Interessenten für meine Dienstleistungen zu suchen, zu denen ich dann Kontakt aufnehme. Diese Erstkontakte bereite ich durch gründliche Recherche vor, um möglichst gleich eine gewisse Neugier zu wecken und den Nutzen einer Zusammenarbeit aufzuzeigen. So habe ich schon sehr schnell persönliche Kontakte zu Entscheidungsträgern meiner Zielgruppe geknüpft, aus denen sich auch konkrete Aufträge ergeben haben. In der Zusammenarbeit mit diesen Kunden habe ich festgestellt, dass durch den gemeinsamen Networking-Gedanken gleich eine gute persönliche Basis besteht. Ich nutze OpenBC regelmäßig: Die Zeit, die ich damit verbringe, ist also sehr gut investiert."

Seit dem Start im Herbst 2003 sind dem Open Business Club bereits 200.000 Mitglieder beigetreten – darunter Führungskräfte großer Unternehmen, Geschäftsführer von Familienbetrieben sowie selbstständige Berater, Architekten, Rechtsanwälte, Journalisten und Grafiker. „Über den Open Business Club wurden schon Firmen gegründet und verkauft, neue Projekte gestartet und Dutzende von Jobs vermittelt", berichtet der Gründer, der Hamburger Unternehmer Lars Hinrichs.

Das persönliche Expertennetz

Hier ist Ihr Ziel, für jedes Problem in quasi jeder Lebenslage den richtigen Experten zu Rate ziehen zu können. Dieses Expertennetz können Sie aufbauen, indem Sie beispielsweise jeden Ihrer Kunden fragen: „Herr Kunde, worauf haben Sie sich besonders spezialisiert?" Ihr Kunde wird wahrscheinlich den Grund Ihrer Frage wissen wollen. Sie können antworten: „Ich werde häufig von meinen Kunden gefragt, ob ich zu bestimmten Sachgebieten jemanden empfehlen kann, da ich ja so viele Menschen kenne. Weil ich meinen Kunden öfter weiterhelfe, würde ich auch Sie gerne weiterempfehlen, falls Sie sich auf ein bestimmtes Gebiet spezialisiert haben." Selbstverständlich möchte Ihr Kunde von Ihnen weiterempfohlen werden! Und so bitten Sie ihn um einige seiner Geschäftskarten, die Sie dann bei Ihren Verkaufsunterlagen für den Bedarfsfall immer mit sich führen.

Folgende Vorteile ergeben sich für Sie hieraus:

- Ihr Verkaufsabschluss bei diesem Neukunden wird mutmaßlich schneller und einfacher sein, da der Kunde sich von Ihnen und Ihrem Netzwerk zu Recht ebenfalls Aufträge erhofft.
- Ihr Ansehen und Ihre Reputation in Ihrem Umfeld werden steigen, da Sie quasi zum „Pförtner" geworden sind und für nahezu jedes Problem jemanden kennen, der bei der Lösung behilflich sein kann.
- Außerdem kann eine Empfehlung, die Sie für jemanden anderen ausgesprochen haben, durchaus manchmal zu Ihnen zurückkommen: Sie werden empfohlen.

Das Beziehungs-Adressbuch
Legen Sie sich ein Ringbuch mit alphabetischem Register an und schreiben Sie folgende Adressen hinein:

- Quellen zu wertvollen Dingen, die Sie zu niedrigen Preisen dort beziehen können.
- Personen, die bestimmte Leistungen zu günstigen Preisen anbieten.
- Personen mit interessanten Kenntnissen.
- Personen mit besonderen Beziehungen.
- Personen mit großem Einfluss.

Falls ein Kunde Sie nach einer Adresse fragen sollte, die Ihr Beziehungs-Adressbuch noch nicht beinhaltet, ist es nun an Ihnen, sich wiederum in Ihrem Netzwerk nach einem entsprechenden Experten zu erkundigen: auf diese Weise wächst der Umfang Ihres Beziehungs-Adressbuches stetig!

Gelegenheiten, um Beziehungen zu knüpfen, gibt es also reichlich. Viele der beschriebenen Kontaktmöglichkeiten werden auch zur Folge haben, dass Sie neue Kunden finden. Und Sie als Verkäufer interessiert natürlich in ganz besonderem Maße die Beziehung zu Ihrem Kunden. Die Besonderheiten dieser Beziehung sind Thema des folgenden Kapitels.

Checkliste: Wer gehört zu meinem Netzwerk?

1. Wie bewerte ich auf einer Skala von 1 (= unbefriedigend) bis 10 (= exzellent) die Beziehung zu

    ▶ meinem Partner? 1 2 3 4 5 6 7 8 9 10

    ▶ meinen Eltern? 1 2 3 4 5 6 7 8 9 10

    ▶ meinen Geschwistern? 1 2 3 4 5 6 7 8 9 10

    ▶ meinen Kindern? 1 2 3 4 5 6 7 8 9 10

2. Welche echten Freunde habe ich?

    _____
    _____
    _____

3. Welche Beamte möchte ich kennen lernen?

    _____
    _____
    _____

4. Wie werde ich dies bewerkstelligen?

    _____
    _____
    _____

5. Welche Funktionsträger möchte ich kennen lernen?

6. Welcher Strategie werde ich mich dabei bedienen?

7. Welche VIPs oder Prominente möchte ich kennen lernen?

8. Wie stelle ich diese Kontakte her?

9. Welchen Lobbygruppen gehöre ich zurzeit an?

10. Welcher Lobbygruppe möchte ich mich (noch) anschließen?

5 Keine Beziehung? Kein Geschäft!

Sie haben dieses Buch gekauft, weil Sie Verkäufer sind und an Networking-Techniken zur Steigerung des Erfolgs im Verkauf interessiert sind. Zu diesem Thema werden Sie in den folgenden Kapiteln noch viel erfahren, aber vorher müssen wir uns bewusst machen, welche fatalen Folgen es haben kann, wenn fehlende Beziehungen unseren Alltag als Verkäufer prägen.

Ein generelles branchenunabhängiges Problem im Außendienst ist, dass die Fluktuation erheblich höher ist als in anderen Tätigkeitsbereichen. Die Ursache dafür liegt in vielen Fällen in der Arbeitsqualität der Führungskräfte, die für die Suche, die Einstellung und die Qualifizierung von Mitarbeitern verantwortlich sind.

Viele freie Handelsvertreter finden keine Unterstützung bei der Erstellung ihrer ersten Investitions- und Kostenplanungen. Die Analyse- und Planungsfähigkeit dieser Vertreter ist dann dementsprechend wenig entwickelt. Nur die wenigsten Verkaufsleiter sind in der Lage, dem neuen Vertragspartner in diesen existenziellen Fragen unterstützend und hilfreich unter die Arme zu greifen.

Obwohl die meisten Führungskräfte im Außendienst wissen, dass gute Beziehungen eine wesentliche Vorraussetzung für überdurchschnittliche Verkaufserfolge sind, weihen sie ihre Mitarbeiter in viel zu geringem Maße in Networking-Techniken ein. Weder leiten sie ihre Mitarbeiter entsprechend an noch geben sie selbst ein nachahmenswertes Vorbild in Sachen Networking ab.

Ihre Einstellung zum Leben ist Ihre Einstellung zum Verkauf

Wer etwas nur anders,
aber nicht besser machen will,
sollte besser etwas anderes machen.

Anonymus

Vielen Verkäufern wird an irgendeinem Punkt ihres Lebens klar, dass sie für ihren Beruf nicht besonders gut geeignet sind. Fatal wird es dann, wenn sich diese Erkenntnis relativ spät einstellt und sich die Weichen dann nur sehr schwer neu stellen lassen. Wenn jemand glaubt, dass das, was er acht Stunden täglich tut, sinnlos ist, kann er kein Selbstbewusstsein entwickeln. Ein intelligenter Mensch weiß jedoch das Beste aus seinen Fähigkeiten zu machen. In der oben beschriebenen Krisensituation müsste er sich zunächst fragen:

▶ Warum habe ich eigentlich den Beruf des Verkäufers für mich gewählt?
▶ Welche Talente und welche besonderen Voraussetzungen bringe ich für den Beruf des Verkäufers mit?
▶ Was kann ich tun, um diese Stärken auszubauen?

Ein Verkäufer braucht ein hohes Maß an Selbstvertrauen, um sich durch die Widrigkeiten des Verkaufsalltages zu schlagen. Mangel an Selbstvertrauen kann unsere Fähigkeit schwächen, unsere Arbeit gut zu machen, denn aus Selbstzweifeln werden nicht selten Self-fulfilling prophecies (sich selbst erfüllende Prophezeiungen). Wird etwa einem Verkäufer mehrfach suggeriert oder gar gesagt, dass er ein schlechter Verkäufer sei, wird er vielleicht irgendwann selbst von seinem „Unvermögen" so überzeugt sein, dass er in der Tat zu einem schlechten Verkäufer wird. Dieser Verkäufer hat das negative Urteil einiger anderer Menschen als eine Prophezeiung aufgefasst, die er schließlich erfüllt.

Kennen Sie das psychologische Gesetz „Beachtung schafft Verstärkung"? Damit ist Folgendes gemeint: Wer immer nur an das Scheitern glaubt und sich täglich mehrfach in den dunkelsten

Farben ausmalt, welche Katastrophe sich beim nächsten Kundenbesuch ereignen wird, *muss zwangsläufig scheitern*. Für denjenigen Verkäufer jedoch, der die folgende Autosuggestion täglich mehrfach liest und dadurch in seinem Unterbewusstsein verankert – vielleicht weil sie an seinem Badezimmerspiegel hängt –, wird sich *diese* Prophezeiung erfüllen:

> „Ich bin der geborene Verkäufer.
> Ich habe eine ruhige Stimme,
> pflege mein äußeres Erscheinungsbild und
> begrüße jeden Kunden mit einem festen Händedruck
> unter Nennung seines Namens.
> Meine optimistische Lebenseinstellung und
> meine hervorragenden Fachkenntnisse
> machen mich für jeden Kunden
> zu einem kompetenten Gesprächspartner.
> Selbstverständlich halte ich alle Versprechungen ein,
> spreche frei heraus, bin selbstbewusst, aufmerksam,
> fantasievoll und pünktlich. Deswegen brauche ich mir
> um meinen Erfolg keine Sorgen zu machen.
> Denn Sorgen machen hässlich.
> Meine Kunden sind froh, mich zu kennen und
> mit mir zusammenzuarbeiten!"

Also: Ändern Sie, falls es nötig sein sollte, Ihre Einstellung zum Beruf des Verkäufers. Denn auch Ihre Kunden werden kritischer und preissensibler. Sie vergleichen vor dem Abschluss mehrere Angebote und ihre Loyalität dem Verkäufer gegenüber nimmt immer mehr ab.

Sie wissen, dass unsere Welt kontaktstarke, erfolgreiche Menschen mit vielen Beziehungen braucht. Sie wollen, ja Sie *müssen*, zu den Gewinnern des Lebens gehören und selbst die Fäden ziehen, statt wie eine Marionette ferngesteuert zu werden und fremdbestimmt zu sein.

Lassen *Sie* sich deshalb im Königreich Ihres Lebens nicht vom Thron stoßen! Knüpfen Sie in Ihrem Leben tagtäglich Beziehun-

gen zu anderen Menschen, zu Kunden, Bekannten und Fremden, als ob Ihr Leben davon abhinge.
Denn genau das tut es!

Rekrutieren Sie Verkäufer?
Der ein oder andere Verkäufer trägt auch Personalverantwortung. Diese Verkäufer wissen sehr wohl, dass ein Bewerbergespräch mit einem Menschen, den man gerne für eine verkäuferische Tätigkeit gewinnen möchte, nichts anderes ist als ein *Verkaufsgespräch!*

Neben den allgemeinen und obligatorischen Fragen, die man in einem Berwerbungsgespräch stellt und die in vielen Gesprächsratgebern nachzulesen sind, können Sie auch gezielt Fragen stellen, die Ihnen über die Networking-Kompetenz Ihres Bewerbers Aufschluss geben. Solche Fragen könnten sein:

- Haben Sie in Ihrem Leben schon einmal Gesprächsrunden/Konferenzen oder Ähnliches zu bestimmten Problemen initiiert?
- Womit könnten Sie uns echten Nutzen bieten?
- Was erwarten Sie von Ihren Kollegen?
- Was verstehen Sie unter Zusammenarbeit?
- Was verstehen Sie unter Gemeinschaft?
- Würden Sie sich als Networker bezeichnen?
- Wie häufig gehen Sie abends aus?
- Sind Sie in Vereinen oder Organisationen tätig?
- Welche Hobbys haben Sie?
- ...

Bevor ich nun im Folgenden das Augenmerk auf Networking im eigentlichen Verkaufsprozess richte, werde ich zunächst auf die Bedürfnisse unserer Kunden eingehen. Lassen wir als Verkäufer die Ängste, Bedürfnisse und Wünsche unserer Kunden außen vor, werden wir auch keine Menschen für uns und unsere Produkte gewinnen können.

Sie wollen verkaufen. Aber was will Ihr Kunde?

Erfolg durch Nutzenbieten

*Jeder erfolgreiche Mensch beschäftigt
sich mit den Interessen der anderen,
der erfolglose und gewöhnliche
vorwiegend mit den eigenen!*

Alfred Adler

Die ökonomische Welt verändert sich schnell und nachhaltig. Die großen Boom-Zeiten der deutschen Wirtschaft scheinen der Vergangenheit anzugehören. Insofern müssen Sie Ihren *eigenen* Konjunktur-Motor entwickeln!

Die Lösung heißt: Erfolg durch Nutzenbieten – oder neudeutsch: Clienting. Nutzenbieten ist eine echte Profilierungschance für jeden Verkäufer, denn Nutzenbieten heißt: weg vom Verhalten des Durchschnittsverkäufers hin zur Einstellung:

„Der wahre Arbeitgeber ist mein Kunde".

Diesen strategischen Kurswechsel können Sie nicht vollziehen, indem Sie dazu irgendwo irgendetwas nachlesen, sondern Sie können ihn sich nur gemeinsam mit den Menschen, mit denen Sie zu tun haben, kontinuierlich erarbeiten. Der Verkäufer der Zukunft wird diese Strategie umsetzen. Wenn Sie das nicht tun, werden Sie viel Geld verlieren!

Deshalb pflegen die Amerikaner die Problematik „no give, no get" (Wer nichts gibt, bekommt nichts) wie folgt zusammenzufassen:

I don't know, who you are.
I don't know your company.
I don't know your company's product.
I don't know what your company stands for.
I don't know your company's record.
I don't know your company's reputation.
Now – what was it you wanted to sell me?

Mit anderen Worten: „Ich kenne dich nicht, aber du willst mir trotzdem etwas verkaufen?"

Über die Optimierung des Nutzens seines Produkts für den Kunden sollte sich jeder Verkäufer täglich Gedanken machen. Schauen wir uns also die drei wichtigsten Aspekte des Nutzenbietens durch die Brille des Kunden an:

▶ **Der materielle Bereich**
▶ **Der mitmenschliche Bereich**
▶ **Der Bereich der Wertschätzung und Anerkennung**

Wenn diese drei Bereiche des Nutzenbietens abgedeckt werden sollen, muss man die Regel

Dienen kommt vor Verdienen

beherzigen.

Je nachdem, welche Rolle der Kunde einnimmt, verändert sich seine Interessenlage. Werfen wir einen Blick auf die zwei maßgeblichen Rollen und die daraus resultierenden Kundeninteressen.

Was will Ihr Kunde als *Mensch*?

In einem Zeitalter, in dem nahezu jeder zweite Deutsche in einem Single-Haushalt lebt, legen die Menschen sehr großen Wert auf soziale Kontakte, will heißen: auf gute zwischenmenschliche Beziehungen.

Voraussetzung für den Vertragsabschluss ist, dass Ihr Kunde Ihnen vertraut. Können Sie das, was Sie Ihrem Kunden versprechen, auch beweisen? Haben Sie Referenzkunden, die gegebenenfalls bestätigen, was Sie sagen?

Der Kunde möchte wissen:

▶ Ist der Verkäufer ehrlich zu mir?
▶ Hat er Interesse an meiner Person oder nur am Abschluss?

- Wie zukunftssicher ist sein Angebot?
- Werde ich auch in einigen Jahren noch gut bei ihm aufgehoben sein?
- Wie gesund und solvent ist sein Unternehmen?
- Wie ist das Image seines Unternehmens?
- Wie erfahren ist er als Verkäufer mit dem, was er anbietet?
- Ist er als Verkäufer der richtige Partner für die Zusammenarbeit?
- Hilft er mir, meine Probleme zu lösen?
- Entwickelt er in Problemlagen gute Konzepte?

Der Kunde möchte also schlicht und ergreifend erfahren, ob er längerfristig mit Ihnen zusammenarbeiten kann. Arbeiten Sie also hart daran, ihm immer wieder zu beweisen, dass er auch in Zukunft auf Sie bauen kann.

Was will Ihr Kunde als *Geschäftspartner*?

Mit Blick auf sein Unternehmen möchte Ihr Kunde

- seine geschäftlichen Strategien verbessern,
- seine Kosten senken,
- seinen Gewinn steigern,
- seine Produktivität erhöhen,
- sein kaufmännisches Profil stärken,
- entlastet werden,
- seine Optimierung generell weiter vorantreiben,
- seine Visionen – sofern vorhanden – realisieren.

Also ist es nur verständlich, wenn Ihr Kunde in seiner Rolle als Geschäftspartner – und damit als Kaufmann – *Sicherheit* verlangt und seinen *Profit* steigern möchte.

Bedenken Sie bitte stets: Auch wenn Ihr Kunde Arbeitnehmer ist, ist er zugleich Kaufmann, da er sein eigenes Geld zu verwalten hat.

Last but not least: Ihr Kunde will *begeistert* werden!

Zufriedene Kunden sind heutzutage normal. Begeistern Sie Ihren Kunden! Mit Ihrem Auftreten, Ihrer Präsentation, Ihren Mailings, Ihren Telefonaten, Ihrem Produkt, Ihrem Verkaufsgespräch und nicht zuletzt mit Ihrer Persönlichkeit!

Die Landkarte Ihres Kunden

Kennen Sie die Wünsche Ihres Kunden – menschlich, privat wie geschäftlich? Wenn Sie diese in Erfahrung bringen wollen, dann müssen Sie zunächst die „Landkarte" Ihres Kunden kennen lernen, um herauzufinden, wo sich Ihr Kunde befindet, wohin er will, und welchen Weg er wählt.

Sie könnten zum Beispiel die folgenden Fragen zur „Geografie" Ihres Kunden stellen:

- „Wie haben Sie in den letzten Jahren Ihr Geschäft aufgebaut?"
- „Welche Hilfe von außen würden Sie sich wünschen?"
- „Welche Ziele haben Sie geschäftlich?"
- „Welche Ziele haben Sie privat?"
- „Welche Hobbys haben Sie?"
- „Wohin fahren Sie am liebsten in Urlaub?"
- „Sind Sie in einem Verein aktiv?"
- „Haben Sie ein Ehrenamt inne?"
- „Welche Vision haben Sie für Ihren Ruhestand?"

Fazit: Wenn Sie im Verkaufsprozess immer die Ängste, Bedenken, Wünsche, Bedürfnisse und Interessen Ihres Kunden in den Vordergrund stellen, können Sie nur bessere Geschäfte machen!

Was Sie genau unternehmen sollten, um Menschen auch als Kunden für sich zu gewinnen, erfahren Sie im nun folgenden Kapitel.

Checkliste: Meine Eignung als Verkäufer – meine Beziehung zu meinen Kunden

1. Warum habe ich den Beruf des Verkäufers für mich gewählt?

   _____
   _____
   _____

2. Wie beurteile ich meine Eignung für den Beruf des Verkäufers?

   _____
   _____
   _____

3. Welche Talente und besonderen Voraussetzungen bringe ich für den Beruf des Verkäufers mit?

   _____
   _____
   _____

4. Was kann ich tun, um diese Stärken auszubauen?

   _____
   _____
   _____

5. Welche Fähigkeiten fehlen mir bislang noch? Was kann ich unternehmen, um diese notwendigen Fähigkeiten zu erlangen?

   _____
   _____
   _____

6. Welche positive Autosuggestion möchte ich für mich erarbeiten? Wo werde ich diese anbringen, um sie häufig im Blickfeld zu haben?

   _____
   _____
   _____

7. Was schätzen meine Kunden menschlich an mir?

8. Wie genau drücke ich meinen Kunden gegenüber meine Wertschätzung und Anerkennung aus?

9. Welchen materiellen Mehrwert erhält der Kunde von mir, den er von meinen Mitbewerbern nicht erhält?

10. Welchen Zusatznutzen erhält der Kunde von mir?

11. Kann ich meinen Kunden für mich als Mensch begeistern; für meine Produkte?

12. Wie genau tue ich das?

6 Ihr Weg zum Kunden

Angenommen, Sie starten *genau heute* als Verkäufer im Außendienst und übernehmen einen jungfräulichen Bezirk einer Start-up-Firma mit den besten Chancen auf erfolgreiche Markteinführung eines brandneuen Produkts. Dann ist in dieser Sekunde Ihr dringendstes Problem, dass Sie keinen einzigen Kunden haben. Was also müssen Sie tun?

Die zehn immer wiederkehrenden Phasen des Verkaufszyklus

Zunächst müssen Sie sich bewusst machen, dass der Zyklus im Verkaufsprozess der immer und immer wieder gleiche ist. Wenn Sie ein Maximum an Erfolg im Verkauf haben wollen, gilt es, die Bearbeitung dieses Zyklus mit Networking-Techniken zu bereichern, um so in jeder Phase des Verkaufs die Ergebnisse zu optimieren.

Diesen sich immer wieder wiederholenden Verkaufszyklus habe ich in die folgenden zehn Schritte eingeteilt:

Schritt 1: Zuerst definieren Sie, *welche Zielgruppe* Sie auf Ihr Produkt *ansprechen* wollen.

Schritt 2: Dann müssen Sie ein *Konzept entwickeln,* wie Sie einen *Erstkontakt* zu potenziellen Kunden *herstellen* möchten.

Schritt 3: Nun müssen Sie ein *Verkaufsgespräch vorbereiten.*

Schritt 4: Dann müssen Sie mit der *Kaltakquise* beginnen und *Besuche durchführen,* um einen *ersten Kunden* für sich zu *gewinnen.*

Schritt 5: Nun benötigen Sie ein *Konzept,* wie Sie diesen Kunden erfolgreich um eine *Empfehlung* bitten.

Schritt 6: Dann überlegen Sie, wie Sie den *potenziellen Neukunden*, den Ihr erster Kunde empfohlen hat, *ansprechen* werden.

Schritt 7: Inzwischen müssen Sie wissen, wie Sie den *Abschluss* bei Ihrem ersten Bestandskunden nachbearbeiten, sprich: *festigen* wollen.

Schritt 8: Stichwort „*Bestandspflege*": Was werden Sie unternehmen, um den *Kontakt* zu Ihrem Kunden zu *halten* und ihn *dauerhaft an sich zu binden*?

Schritt 9: Anschließend machen Sie wieder mit der *Kaltakquise* weiter, der Zyklus beginnt von Neuem.

Schritt 10: Im Laufe der Zeit, wenn Sie immer mehr Kunden gewonnen haben, müssen Sie die *Verwaltung* der *Kundendaten systematisieren*. Das trifft auch besonders auf die *Kontaktpflege* zu.

Alle der oben genannten 10 Schritte beschäftigen tagtäglich alle Verkäufer im Außendienst, die es gewohnt sind, Kaltakquise zu betreiben. In den nun folgenden Kapiteln werden wir gemeinsam alle oben beschriebenen Schritte abarbeiten und jeweils um sinnvolle Networking-Techniken bereichern, um Ihre künftigen Verkaufserfolge zu maximieren.

Welche Zielgruppe wollen Sie ansprechen?

Wenn Sie überlegen, wen Sie auf Ihr Produkt ansprechen wollen, so ist Ihre Zielgruppen-Definition natürlich abhängig von der Branche, in der Sie tätig sind, und von dem Produkt, das Sie vertreiben. Überlegen Sie:

- Wer kommt als potenzieller Kunde für mich infrage?
- Wen sprechen Mitbewerber an?
- In welcher Zielgruppe existiert unter Umständen bereits eine Marktsättigung?

▶ Welche Klientel könnte eine Marktnische für mich darstellen?
▶ Wie krisensicher ist die Branche, die ich ansprechen will?
▶ Wie solvent ist die von mir definierte Zielgruppe?

Durch Kaltakquise erfolgreich Kontakte herstellen

Schlägt Ihnen der Schweiß im Nacken Wellen, wenn Sie an einer fremden Tür klingeln oder einen fremden Menschen anrufen, um Ihr Produkt zu verkaufen? Lautet Ihr Leitsatz deshalb: „Nimm Dir nichts vor, dann schlägt Dir nichts fehl"? Oder schütteln Sie jetzt erstaunt den Kopf, da dies Ihr täglich Brot ist? Wie auch immer: Viele Menschen haben Angst vor dem Knüpfen neuer Beziehungen und Kontakte, da sie mit einer eventuellen Ablehnung, mit einem „Nein" nicht leben können. Aber erfolgreichen Verkäufern ist ein deutlich gesprochenes „Nein" wesentlich lieber als die Unentschlossenheit des Kunden, da sie bei einem deutlichen „Nein" zumindest wissen, woran sie sind, und sich dann den Menschen zuwenden können, bei denen sie eventuell mehr Erfolg haben werden. Diese Top-Seller wissen, dass ihr erfolgreicher Weg immer dort weiterführt, wo die Angst lauert.

Machen wir uns zusätzlich bewusst, dass das „Nein" des Kunden ein Nein zur Sache – dem Kauf unseres Produkts – ist, so führt dies dazu, dass wir uns nicht als Mensch abgelehnt fühlen. Wir können daher stressfrei mit der abschlägigen Antwort des Kunden umgehen.

Der Beruf des Verkäufers bedarf einer hohen Frustrationstoleranz und vielen Mutes: Wir müssen jeden Tag gut gelaunt auf uns völlig fremde Menschen zugehen können und diese zuerst für uns und dann für unser Produkt begeistern. Wichtigste Voraussetzungen dafür sind, dass wir uns selbst so mögen und anerkennen, wie wir sind, und voll hinter unserem Produkt stehen.

Dass dies nicht immer einfach ist, zeigt die folgende Geschichte über meinen ersten Kaltakquise-Versuch, den ich als Auszubildender unternommen habe:

Tatort: Felix Huby mit der Schere

Schon während meiner Schulzeit verdiente ich mir mein Taschengeld durch den Verkauf gebrauchter Autos. Da ich kaufmännisch interessiert war, beschloss ich, nach dem Abitur eine Lehre als Versicherungskaufmann bei der Optimal-Versicherung in Stuttgart zu absolvieren.

Die Zeit im Innendienst, wo ich für die Ablage in der Registratur und ähnliche Aufgaben zuständig war, ödete mich ziemlich an. Eines Tages kam mein Bezirksdirektor Uwe Martin auf mich zu und sagte, er hätte den besten Verkäufer der Bezirksdirektion Stuttgart, einen wortgewandten, smarten Mann mit besten Umgangsformen namens Wilhelm Wernick gefragt, ob er bereit wäre, mich für zwei Tage im Außendienst mitzunehmen. Herr Wernick hatte diese Frage verneint, da er zwei Tage für nicht ausreichend hielt. „Entweder mindestens zwei Wochen oder gar nicht!" Mein Bezirksdirektor Martin fragte mich also, ob ich Interesse hätte, vierzehn Tage mit Herrn Wernick im Außendienst zu verbringen, was ich freudig bejahte.

Mit großem Staunen, zwei offenen Ohren und wachen Augen verfolgte ich in den folgenden zwei Wochen viele Verkaufsgespräche Wilhelm Wernicks. Die Verkaufserfolge waren immens: In der ersten gemeinsamen Akquisewoche erzielte Herr Wernick einen Provisionsumsatz von seinerzeit rund 8000 DM. Obwohl wir in dieser Woche siebzig Stunden arbeiteten, war das Feuer der Begeisterung für den Verkauf in mir entfacht.

Ich abonnierte noch während meiner Ausbildungszeit den „Staatsanzeiger für Baden-Württemberg" und beschloss, GmbH-Neueintragungen zu terminieren, um den Geschäftsführern eine private Krankenversicherung zu verkaufen. Im „Staatsanzeiger" las ich die Neueintragung „Redaktionsbüro Eberhard Hungerbühler". Ich startete meinen ersten Versuch einer Kaltakquise und rief Herrn Hungerbühler an:

„Schönen guten Tag, Herr Hungerbühler, mein Name ist Hauser, Jürgen Hauser, von der Optimal-Versicherung. Herzlichen Glückwunsch zur GmbH-Gründung! Herr Hungerbühler, ich würde Ihnen gerne einen Vorschlag machen, wie Sie im Bereich Ihrer Krankenkasse monatlich DM 100 bis DM 150 einsparen können. Um Ihnen hierzu einige Unterlagen zu zeigen, möchte ich Sie fragen, ob es Ihnen morgen um 16 Uhr oder besser am Donnerstag um 10 Uhr passt." Herr Hungerbühler antwortete mit sonorer Stimme im schönsten schwäbischen Dialekt: „Danke, aber mein Bruder isch Prokurist bei der Sparkassen-Versicherung und do bin i rundum Kunde bei ihm." „Prima, Herr Hungerbühler, da sind Sie mit Sicherheit in den besten Händen", sagte ich, „denn die Sparkassen-Versicherung ist eine ausgezeichnete Versicherungsgesellschaft, allerdings verfügt sie über keine private Krankenversicherung. Darf ich fragen, Herr Hungerbühler, wo sind Sie denn krankenversichert?" Herr Hungerbühler antwortete: „Bei der BAK." „Dann haben Sie die Möglichkeit, monatlich DM 100 bis DM 150 zu sparen", sagte ich. „Ich würde Ihnen hierzu gerne nähere Informationen geben und Ihnen einige Unterlagen zeigen. Passt es Ihnen morgen um 16 Uhr oder besser am Donnerstag um 10 Uhr?" Herr Hungerbühler sagte: „Also passet Se auf, Herr Hauser, übermorge fahr i in Urlaub und insofern passt mir des im Moment gar net." „Das trifft sich gut, Herr Hungerbühler", entgegnete ich, „auch ich bin ab Samstag für vierzehn Tage in Italien am Lago Maggiore und werde mir erlauben, Sie nach meiner Rückkehr aus dem Urlaub wieder anzurufen." Herr Hungerbühler entgegnete: „In Ordnung, rufet Se dann halt noch mal an."

Am Lago Maggiore angekommen, kaufte ich mir einen „Spiegel", den ich flüchtig durchblätterte. Dabei stieß ich zu meinem Erstaunen auf einen Artikel, der von Eberhard Hungerbühler stammte. Zu meiner Frau sagte ich: „Pia, schau her! Mit Herrn Hungerbühler habe ich Anfang dieser Woche telefoniert und versucht, einen Termin zu bekommen!"

Aus dem Urlaub zurückgekehrt, rief ich sofort Herrn Hungerbühler an. „Hallo, Herr Hungerbühler, Jürgen Hauser von der

Optimal-Versicherung. Ich komme gerade wie Sie aus dem Urlaub zurück und habe dort im „Spiegel" einen Artikel von Ihnen gelesen!" Worauf Herr Hungerbühler cool entgegnete: „Man sollt ja gar net glaube, wer heutzutag älles ‚Spiegel' liest!"

Meine Verblüffung dauerte nur einen Moment: „Aber Herr Hungerbühler, wir kennen uns ja noch gar nicht. Jetzt sollten Sie mir doch die Chance einräumen, entweder Ihre Meinung zu bestätigen oder diese zu revidieren. Nochmals die Frage: Wann darf ich Ihnen die Informationen zur privaten Krankenversicherung geben? Nennen Sie mir doch einfach einen Termin! Ich benötige 15 Minuten Ihrer Zeit, und Sie entscheiden danach, ob wir das Gespräch fortsetzen oder ob es für Sie uninteressant ist." Herr Hungerbühler entgegnete: „Ihre Hartnäckigkeit isch bemerkenswert. Also gut, kommet Se am Mittwoch um 16 Uhr bei mir vorbei." „Vielen Dank für das Kompliment. Ich freue mich auf unser Gespräch und werde pünktlich da sein. Ich bereite Unterlagen für Sie vor, die Sie interessieren werden. Bis dann, Herr Hungerbühler."

Zu meinem ersten Kaltakquise-Termin fuhr ich mit stark beschleunigtem Herzschlag. Unter der angegebenen Adresse erwartete mich in bester Stuttgarter Hanglage eine wunderschöne Jugendstil-Villa. Im Garten stand ein Hüne von knapp zwei Metern mit schwarzem Vollbart und lachenden Augen. Herr Hungerbühler sagte zu mir: „Aha, Sie senn also der junge Mann, der sich durch solche Hartnäckigkeit auszeichnet. Kommet Se rei."

Und ich folgte ihm gerne in ein großes, gemütliches Wohnzimmer. Da ich nicht wusste, was ein Redaktionsbüro ist und ich von Wilhelm Wernick gelernt hatte: „Frage die Kunden nach ihrem größten Erfolg im Leben", sagte ich zu Herrn Hungerbühler: „Ich habe keine Ahnung, womit Sie sich selbständig gemacht haben. Können Sie es mir bitte erklären?" Herr Hungerbühler lächelte und sagte: „Ich schreibe Krimis und Drehbücher für Fernsehserien." Ich war begeistert und fragte: „Herr Hungerbühler, welche Art Krimis schreiben Sie denn?" Er stand auf und holte aus einer übervollen Regalwand einen Packen Taschenbücher heraus, legte ihn auf den Tisch und sagte: „Herr Hauser, falls Sie gern lese, schenk i Ihne meine Bücher. Und zu den Fernsehserien: I bin Autor für die Tatort-Sendung in der ARD und schreib no andre Drehbücher für Fernsehserien wie beischpielsweise ‚Abenteuer Airport' und ‚Oh Gott, Herr Pfarrer'. Falls Sie im Abspann von ‚Tatort' nach meim Namen suche, so werde Se den unter meim Pseudonym ‚Felix Huby' finde." Als eingefleischtem Tatort-Fan war mir das sofort ein Begriff, und ich war fast erschrocken, welchen Prominenten ich da „aufgerissen" hatte.

Nachdem wir uns eine Stunde über Felix Hubys größte Erfolge im Leben unterhalten hatten und ich wirklich – was man bei einem guten Verkaufsgespräch auch tun sollte – aufmerksam und interessiert zugehört hatte, fragte Herr Hungerbühler: „So, Herr Hauser, was hen Se mir denn genau anzubiete?" Ich sagte: „Herr Hungerbühler, Sie haben die Möglichkeiten, im Rahmen der gesetzlichen Krankenkasse bei der BAK bei wesentlich besseren Leistungen Geld zu sparen."

„Das würd ich gern tun", sagte Herr Hungerbühler, „aber im Rahmen der Künstler-Sozial-Versicherung" – huch! dachte ich, was ist denn das? – „bin i bei der BAK pflichtversichert. I han zwar schon viel vom privaten Krankenversicherungsschutz ghört, der mi au interessiert, aber von Gesetzes wegen han i koi Möglichkeit zu wechsle." Jetzt war ich immer noch verwirrt, nur auf höherem Niveau! Im Bereich der Künstler-Sozialversicherung konnte ich noch nicht einmal Halbwissen vorweisen.

Viel mehr zu der Gesetzesproblematik wusste Herr Hungerbühler allerdings auch nicht, nur, dass er per Gesetz eben in der gesetzlichen Krankenversicherung pflichtversichert sei. Ich sagte: „Herr Hungerbühler, ich würde mich gern näher mit der Problematik beschäftigen und mit Ihnen für die nächste oder übernächste Woche einen Folgetermin vereinbaren. Wann passt es Ihnen?" Herr Hungerbühler grinste und sagte: „Ihr Hartnäckigkeit zeichnet Se aus ond i han den Eindruck, dass Se sich wirklich engagiere. Okay, mir könne uns am Mittwoch der übernächschte Woche um 10 Uhr 30 nochmal treffe."

Ich versprach, mich entsprechend mit der Thematik zu beschäftigen und ihm möglichst viele Vorteile zu verschaffen.

Ich verließ sein Anwesen und fragte in der Verwaltung meiner Gesellschaft zum Thema Künstler-Sozial-Versicherung jeden Kollegen, den ich für annähernd qualifiziert hielt, mir in dieser Thematik weiterhelfen zu können. Aber leider ohne Erfolg.

So ging ich andere Wege und bohrte bei den gesetzlichen Krankenkassen nach, bat um Informationsmaterial und las mich in entsprechende Gesetzestexte ein. Ich wollte mir ganz einfach beweisen, dass ich diesen großen Fisch, den ich an der Angel hatte, nicht nur ködern, sondern auch fangen konnte!

Das Resultat war schließlich, dass es für Herrn Hungerbühler keinerlei Möglichkeit gab, sich aus der Krankenversicherungspflicht befreien zu lassen. Aber: Er hatte keinen Versicherungsschutz im Bereich der Verdienstausfall-Versicherung bei der BAK, was nichts anderes bedeutete, als dass Herr Hungerbühler damals bei Arbeitsunfähigkeit durch Krankheit oder Unfall keine Mark von der BAK oder von einem anderen Träger bekommen hätte. Und so machte ich ein perfektes Angebot mit einem relativ hohen Krankentagegeld und einem entsprechenden Monatsbeitrag, denn ich hatte es ja mit einem sehr gut verdienenden, wohlhabenden Mann zu tun.

Mit meiner alten, vom Vater „geerbten" Aktentasche wollte ich bei Herrn Hungerbühler nicht noch einmal erscheinen, und so kaufte ich mir für teures Geld einen nagelneuen Samsonite-Koffer.

Gut gewappnet betrat ich bei meinem nächsten Besuch in freudiger Erwartung des für mich sehr großen Abschlusses, nach der Begrüßung Herrn Hungerbühlers Wohnzimmer. Mein erster Kunde hatte Kaffee und Kekse vorbereitet und fragte: „Na, junger Mann, was habe Se denn für mi?" Stolz versuchte ich meinen neuen Samsonite-Koffer zu öffnen, was mir jedoch nicht gelang: Mehrmals betätigte ich vergeblich den Schnappverschluss...

Herr Hungerbühler lehnte sich entspannt und mit einem breiten Grinsen im Gesicht zurück und nippte an seinem Kaffee. Das ganze Prozedere dauerte wohl mehr als eine Minute.

Herr Hungerbühler fragte schließlich: „Herr Hauser, kann i Ihne irgendwie helfe?"

Obwohl mir die Neuanschaffung meines Samsonite-Koffers finanziell nicht leicht gefallen war, antwortete ich: „Herr Hungerbühler, wenn Sie eine große Schere haben, werde ich das Problem, dass der Koffer sein Geheimnis nicht preisgeben will, sicherlich schnell lösen." Herr Hungerbühler lachte laut, ging in die Küche und kam mit einer riesigen Schere zurück.

Da bemerkte ich, dass das Zahlenschloss, das ich nicht programmiert hatte, von der Kombination „000" auf „010" gesprungen war. Erleichtert bewegte ich es in die ursprüngliche Stellung zurück. Der Koffer sprang auf! Herr Hungerbühler legte die Schere lachend auf den Wohnzimmertisch.

Ich zog mein Angebot heraus, und in diesem Moment hatte ich leichte Zweifel, ob ich den richtigen Beruf gewählt hätte. Ich unterbreitete Herrn Hungerbühler mein Angebot und erklärte ihm dann die Notwendigkeit einer sinnvollen, vernünftigen Verdienst-Ausfallversicherung. Ich fragte ihn, ob noch Hypotheken auf seinem Haus lasteten und ob noch andere Verbindlichkeiten vorhanden seien. Als der Bedarf geklärt war, sah Herr Hungerbühler sehr rasch die Notwendigkeit einer Kranken-Tagegeldversicherung ein und ohne mit der Wimper zu zucken, unterschrieb er den Antrag.

Ich war restlos begeistert: Als Auszubildender hatte ich nicht nur ein schönes Zusatzeinkommen verdient, sondern auch einen überaus prominenten Stuttgarter als Kunden für mich gewinnen können!

Am selben Abend schrieb ich Herrn Hungerbühler einen Brief, in dem ich mich für sein Vertrauen bedankte und ihm versicherte, dass ich ihm im Schadensfall jederzeit gerne hilfreich zur Seite stehen würde. Außerdem schrieb ich ihm, dass ich stolz sei, ihn als Kunden für mich gewonnen zu haben und dass ich mich auf die weitere Zusammenarbeit freuen würde.

In den nachfolgenden Jahren habe ich die weitere Karriere von Eberhard Hungerbühler alias Felix Huby im Fernsehen und in der Presse verfolgt und ich freue mich noch heute – nach über 18 Jahren – über diesen Abschluss, der nur deswegen gelang, weil ich hartnäckig bemüht war, alle Schwierigkeiten zu überwinden.

Seither liebe ich die Kaltakquise, die ich perfekt bei Wilhelm Wernick, dem besten Verkäufer, den ich je getroffen habe, gelernt habe. Den schönen Satz

„**Fremde sind Freunde, die man noch nicht kennt**",

habe ich mir für diese Form der Aufnahme von Kundenkontakten zur Maxime gemacht.

Was Sie bei der Kaltakquise beherzigen sollten

Überwinden Sie Ihre Angst vor möglicher Ablehnung!

Sei nicht feige – lass mich hinter'n Baum!

Ulrich Roski

Sofern *Sie* – wie auch ich damals – Angst vor der Kaltakquise haben, ist das nur allzu verständlich. Ansonsten würde es erheblich mehr Verkäufer geben, die kalt akquirieren. Allerdings drängt sich die für den Verkaufserfolg entscheidende Frage auf, woher diese Angst eigentlich kommt!

Machen Sie sich doch einmal Gedanken darüber, *warum Sie* Angst haben, mit der Kaltakquise zu beginnen. Schreiben Sie alle Faktoren, die Ihnen dazu einfallen, auf!

Und nun fragen Sie sich, welche Einsichten und Überzeugungen Sie über das Knüpfen und die Pflege von Beziehungen haben (Vielleicht haben Sie einfach nur Angst vor Ablehnung?) und wie diese

Einstellungen ursächlich mit Ihrer Angst vor der Kaltakquise zusammenhängen.

Welche *neuen Einsichten* brauchen Sie, um Ihre Angst zu verlieren oder zumindest zu beherrschen? Wenn Sie sich hierüber klar geworden sind, haben Sie enorm viel für Ihren künftigen Erfolg in der Kaltakquise getan.

Sie sollten sich aber auch ins Bewusstsein rufen, dass das Gehirn von uns Menschen nicht so programmiert ist, dass wir *dauerhaft* Angst haben können. Das ist der Grund dafür, dass Soldaten im Krieg nach einiger Zeit ihre Todesangst verlieren. Wenn der (gesunde) Mensch dauernd Angst hätte, dann könnte er nicht den Herausforderungen begegnen, die sich ihm täglich stellen. Also: Gehen Sie durch die Angst hindurch, und das Ende der Angst ist gewiss!

Die nächsten Überlegungen, die Sie anstellen müssen, lauten:

- Zu wem möchte ich Kontakt aufnehmen?
- Wie knüpfe ich erfolgreich Erstkontakte?
- Wie genau fange ich damit an?
- Wann fange ich an?

Wenn Sie sich in der Kaltakquise Ziele setzen, so seien Sie nicht deprimiert, wenn Sie diese nicht immer (sofort) erreichen. Seine Ziele nicht zu erreichen, ist weniger schlimm als überhaupt keine Ziele zu haben – denn diese können Sie ja gar nicht erst erreichen! Fragen Sie sich:

- Geht wirklich immer *alles* schief...?
- Ist mir noch *nie* etwas gelungen...?
- Was tue ich, damit es *noch* schlimmer wird?
- Wie *schaffe* ich es eigentlich, alle meine Fähigkeiten *ständig* zu verstecken?

Sie können alles. Zumindest versuchen! Im Folgenden werden wir Techniken erörtern, die geeignet sind, fremde Menschen anzusprechen, um sie als Kunden zu gewinnen.

Haben Sie Mut zur Kaltakquise!

„Sonderangebot, leckerer rheinischer Sauerbraten mit Salzkartoffeln und Schnippelbohnen heute für nur 9 Euro! Das erste Altbier ist umsonst! Kommen Sie in den Rheinischen Keller und lassen Sie es sich schmecken! Hereinspaziert, ...!"

Können Sie sich vorstellen, dass Sie der Kellner eines Restaurants in Deutschland *so* auf der Straße anspricht, um Sie als Kunden für sich zu gewinnen?

Egal, in welches südliche Land wir reisen: *Dort machen alle Verkäufer Fremdakquise* – Fremde werden also tatsächlich *akquiriert*, selbst vor Restaurants, und zwar konsequent, ohne Angst vor einem „Nein" und erfolgreich:

▶ Die Dame, die am thailändischen Strand Ihre Nägel maniküren möchte, hätte keine Chance, ihre Dienstleistung zu verkaufen und zu überleben, wenn sie nicht unablässig strandaufwärts, strandabwärts laufen und ihre Kunden – trotz tropischer Hitze – kalt akquirieren würde.

▶ Der Schuhputzer in Manhattan würde auf seiner Schuhcreme sitzen bleiben und könnte sich damit bis ans Ende seiner Tage seine eigenen Schuhe putzen, wenn er nicht täglich Dutzende von Passanten ansprechen würde.

▶ Die Familie eines kenianischen Verkäufers, der in der Altstadt von Mombasa seine Schnitzereien verkauft, würde den Hungertod sterben, wenn dieser Verkäufer nicht täglich Touristen für seine Ware begeistern würde.

Und wir *deutsche Verkäufer*? Wir haben doch exakt dasselbe Problem wie unsere ausländischen Kollegen! Es lautet schlicht:

„Wie komme ich zum Kunden?"

Beleuchten wir die Situation in Deutschland einmal näher:

Für alle Verkäufer im Außendienst, die davon leben (müssen), *aktiv* auf ihre potenziellen Kunden zuzugehen, stellt diese Verkaufssituation hierzulande tagtäglich eine ungeheure Herausforderung dar. Manchmal beneiden die Außendienstler die Kollegen, bei denen der Kunde, wie im Einzelhandel, „quasi von selbst" das Geschäft des Verkäufers betritt.

Aber diese Sicht der Dinge ist schief und Neid ist gefährlich! Denn die Kollegen im Einzelhandel können zwar ihr Ladengeschäft im Winter heizen und im Sommer klimatisieren, aber sie sind weit weniger auf der sicheren Seite und haben es wesentlich schwerer als man vielleicht leichtfertig annehmen möchte. Sie sind nämlich vollständig davon abhängig, dass der Kunde *zu ihnen kommt*.

Was nutzt schon die optimale Temperierung des Verkaufsraums, wenn stunden- oder gar tagelang kein Kunde das Geschäft betritt und der Verkäufer nichts als Kosten produziert? Gar nichts. Denn die Stromrechnung und der Mietzins können vielleicht bald nicht mehr bezahlt werden, der so genannte „Verkäufer" macht unter Umständen sogar Pleite und der nächste Kollege zieht in das Ladengeschäft ein. In den Fußgängerzonen unserer Großstädte wird die hohe Fluktuation im Einzelhandel immer deutlicher sichtbar.

Da machen doch der kenianische Holzschnitzer und seinesgleichen einiges richtiger als die deutschen Kollegen, die vor allem als „Warenverteiler" fungieren. Die Verkäufer, die aktiv auf ihre Kunden zugehen, halten stets alle Fäden in der Hand und knüpfen so ihr Netz, das sie trägt.

Welche Techniken sich besonders gut eignen, um „hierzulande" Kontakte zu Menschen und Firmen herzustellen, die als Kunden in Frage kommen, werden wir im Folgenden ausführlich behandeln.

Gehen Sie auf Menschen zu!

„Geh' in die Welt hinaus und sprich mit jedem!" Zu Recht hängt dieser schöne Satz, quasi als Motto für die Mitarbeiter, im Eingangsbereich der Direktion der Victoria Versicherung in Düsseldorf. Also: Machen Sie es sich zur Gewohnheit, jedem zu erzählen, was Sie beruflich machen. Versuchen Sie, auf die Frage nach Ihrer beruflichen Tätigkeit witzig und humorvoll zu antworten. Sagen Sie beispielsweise: „Ich jogge, koche leidenschaftlich gern und verkaufe Immobilien."

Machen Sie es sich zur Gewohnheit, jeden Werktag eine Visitenkarte an eine Ihnen völlig fremde Person – sei es beim Einkaufen, bei Empfängen, Einladungen oder sonstigen Gelegenheiten – auszuhändigen und sich vorzustellen. Schämen Sie sich um Gottes Willen nicht wegen Ihres Berufs – seien Sie stolz, ein Verkäufer zu sein! Schon Johann Wolfgang von Goethe wusste diesen Berufsstand sehr zu schätzen.

„Ich wüsste nicht, wessen Geist ausgeprägter sein müsste als der des Handelsmannes."

Dieses Goethe-Zitat soll Ihnen als Verkäufer nicht nur sagen, dass Sie auf Ihren Beruf zu Recht stolz sein können. Es sollte Sie auch verpflichten, ständig an sich zu arbeiten, denn den Beruf des Verkäufers erlernt man nicht in drei Jahren, sondern ein ganzes Leben lang. Wer im Beruf viel Umgang mit Menschen pflegt, wird nie auslernen. Das macht das Schöne und Einmalige unseres Berufs aus! Verkaufen ist eine Aufgabe, die Selbstdisziplin, Takt, Ausdauer und die Bereitschaft, ständig dazuzulernen, verlangt. Verkäufer sind treibende Kräfte unserer modernen Wirtschaft. Sie sind die Garanten für Wachstum und Wohlstand. Sie stellen wesentlich mehr Fragen, geben mehr Auskünfte und werden mit mehr Unbequemlichkeiten fertig als die meisten anderen in der Wirtschaft tätigen Menschen. Verkäufer hören mehr Beschwerden und gleichen mehr Differenzen aus als andere.

Viel mehr Positives kann wohl von keinem anderen Berufsstand gesagt werden. Wer dies weiß und für sich akzeptiert, der wird stolz sein, den Beruf des Verkäufers auszuüben!

Werben Sie für sich und Ihre Leistungen und Produkte!

Die Menschen in der modernen Industriegesellschaft sind überinformiert. Über dreißig Fernsehprogramme, unzählige Radiosender und Hunderte von Tages- und Wochenzeitschriften überfordern unsere Aufnahmekapazitäten erheblich. Aus diesem Grunde landen über 98 Prozent der klassischen Werbung auf dem Müll. Durchsetzen wird sich auf Dauer lediglich die Werbung, die kreativ und witzig gemacht ist, unsere Aufmerksamkeit weckt und uns den Nutzen des beworbenen Produkts kurz und prägnant darstellt. Wenn Sie selbst für Ihr Produkt werben, sollten Sie dies bedenken. Vor allem: Stellen Sie eine Beziehungsebene zu Ihrem potenziellen Kunden her, indem Sie in Ihrem Mailing eine persönliche Atmosphäre aufbauen – durch Ansprache, Sprachstil und Aufmachung.

Sprechen Sie die Sinne Ihres Kunden nicht nur mit dem Verstand, sondern auch mit dem Herzen an. Für Briefe und Mailings, die heutzutage Aufmerksamkeit wecken sollen, gelten die folgenden Regeln:

▶ Ersetzen Sie den alten „Betreff" durch ein schönes Zitat. Zitate und Aphorismen sind verdichtete Wahrheiten, die Ihrem Kunden unmittelbar einleuchten. Dadurch bekommt er das Gefühl, dass es sich lohnt, Ihr Schreiben zu Ende zu lesen. (Ihr Buchhändler hat unter einer Vielzahl von Zitatensammlungen die passende für Sie auf Lager.)

▶ Ein Brief muss eine persönliche Ansprache beinhalten. Schreiben Sie deshalb die Anrede mit einem Füllfederhalter handschriftlich auf Ihr Mailing. Überlegen Sie, ob die Anrede „Sehr geehrte ..., geehrter ..." zu Ihrem potenziellen Kunden passt. Sofern Ihre Zielgruppe eher aus jungeren Leuten besteht, sollten Sie diese Anrede vielleicht durch: „Guten Tag, liebe Frau ..., lieber Herr ..." ersetzen.

▶ Wählen für den Direkteinstieg die wörtliche Rede: „Sie wollen doch sicher Geld sparen ..." oder Ähnliches.

- Strukturieren Sie den Brief durch Absätze.
- Nennen Sie Ihrem Kunden in kurzen Worten die Vorteile, die sich aus einem Gespräch mit Ihnen ergeben.
- Stellen Sie einzelne Teile des Briefes durch **Fettdruck** heraus, rücken Sie wichtige Zeilen ein.
- Bringen Sie Sachverhalte in kurzen Sätzen auf den Punkt.
- Reden Sie über Lösungen – nicht über Probleme.
- Bleiben Sie bei der direkten Ansprache: „Sie werden sehen, dass ..."
- Stellen Sie kurz vor dem Schluss Ihres – immer nur eine Seite langen Briefes – eine Frage, z. B: „Habe ich an alles gedacht?"
- Fordern Sie Ihren potenziellen Kunden zum Schluss Ihres Briefes zu einer Handlung auf, z. B. dazu, Sie anzurufen oder den beigefügten Auftrag zu unterschreiben. Sofern Sie möchten, dass Ihnen Unterlagen zurückgeschickt werden, fügen Sie generell einen frankierten Rückumschlag bei. Besonders nett wirkt es, wenn Sie diesen mit einer Sondermarke versehen.
- Schließen Sie mit einer positiven Wendung, die Ihrem Kunden vermittelt, dass Sie eine tragfähige Beziehungsebene schaffen wollen. Als Formel könnte sich z. B. anbieten: „Ich versichere Ihnen: Sie können sich auf mich verlassen!"
- Unterschreiben Sie mit Ihrem vollständigen Vor- und Zunamen und mit einem Füllfederhalter. Sofern Ihre Unterschrift unleserlich sein sollte – und in aller Regel ist dies wohl der Fall – setzen Sie Ihren Namen unter die Unterschrift. Schließlich möchte Ihr Kunde wissen, ob er es mit einem Claus oder mit einer Claudia zu tun hat.
- Verwenden Sie das Postscriptum (P. S.), da viele Leser hier zuerst hinschauen. Hier können Sie noch eine für den Kunden wichtige Zusatzinformation unterbringen oder auch einen besonderen Vorteil, den Sie Ihrem Kunden bieten wollen.

▶ Sofern Sie Formulierungsschwierigkeiten haben, sollten Sie auf Formulierungen zurückgreifen, die Ihnen gut gefallen haben. Legen Sie sich dazu eine Sammlung an. Besuchen Sie hin und wieder ein Rhetorik-Seminar – das schult. Auch wenn Sie bereits „per Du" mit Ihrer Muttersprache sind, werden diese Seminare für Sie eine Bereicherung sein.

Werden Sie kreativ, um für Ihre Zielgruppe alles zu tun und Ihre Kunden an sich zu binden – hier ein Beispiel:

Herr Schlau ist Versicherungsverkäufer. Sein Schwerpunkt liegt im Bereich gewerbliche Sachversicherungen. Auf Grund des lukrativen Angebotes eines Mitbewerbers wechselt er seinen Vertragspartner: Er fängt bei einem Unternehmen an, das exzellente Sachversicherungsprodukte, aber auch Lebensversicherungen, anbietet. Herr Schlau übernimmt einen großen Kundenbestand. Er stellt fest, dass in diesem Kundenbestand jede Menge Lebensversicherungen vorhanden sind, die in den nächsten drei Jahren ablaufen und an seine Kunden ausbezahlt werden. Herr Schlau sieht hier enorme Chancen, um viel für die Beziehung zu seinen Kunden und somit für seinen Erfolg zu tun. Er weiß, dass die meisten dieser Kunden einen Lebensversicherungsvertrag abgeschlossen haben, um ihr Altersruhegeld aufzubessern. Da sein neuer Vertragspartner über ausgezeichnete Produkte im Rentenversicherungs- und Fondsanlage-Bereich verfügt, möchte Herr Schlau möglichst viele seiner Kunden motivieren, die ausgezahlte Lebensversicherungssumme in seinem Hause wieder renditeträchtig anzulegen, um hieraus später eine Rente zu beziehen. Da er diese Kunden jedoch noch nicht kennt, beschließt er, ihnen sechs Monate vor Ablauf des Lebensversicherungsvertrages folgendes Schreiben zuzuschicken:

Herrn
Karl Kunde
Musterstraße 9
12345 Musterhausen   02.02.02

„Der Kaufmann hat in der ganzen Welt dieselbe Religion"
(Heinrich Heine)

Sehr geehrter Herr Kunde,

ich habe eine süße Nachricht für Sie:

in genau sechs Monaten zahlen wir Ihnen Ihre Lebensversicherung aus!

Hier ist bereits eine erste symbolische Anzahlung, die Ihnen Glück für Ihren wohlverdienten Ruhestand bringen soll:

Im

Sparstrumpf erzielen Sie mit Ihrem angesparten Geld künftig die niedrigste Rendite. Ich empfehle Ihnen, dass Sie nun zunächst einmal die beigefügte Flasche Rotwein öffnen und sich danach auf dem anliegenden Übersichtsblatt anschauen, wie vielfältig Ihre Möglichkeiten bei uns sind, Ihr Geld – ganz <u>auf Ihre individuellen Bedürfnisse</u> zugeschnitten – Gewinn bringend anzulegen.

Um Ihnen hierzu nähere Einzelheiten zu erläutern und die notwendigen Auszahlungsformalitäten zu regeln, werde ich mich in den nächsten Tagen mit Ihnen in Verbindung setzen.

Herzlichen Glückwunsch zu Ihrer Entscheidung, eine Lebensversicherung bei uns abzuschließen! Sie war goldrichtig!

Mit den besten Grüßen

Wilhelm Schlau

Diesem Schreiben fügt Herr Schlau ein DIN A 4-Blatt bei. Dort sind in Kurzform verschiedene Anlagemöglichkeiten seines Hauses aufgeführt, mittels derer der Kunde eine möglichst hohe monatliche Rente in Form hoher Zinserträge erhält.

Um ein Maximum an möglicher Aufmerksamkeit zu erzielen, hat Herr Schlau die Idee entwickelt, sein Schreiben zusammen mit einer Flasche Rotwein zu verschicken, die mit einem Etikett seiner Versicherungsgesellschaft versehen ist. Auf diesem Etikett steht:

„Ruhige Minute
Edler Tropfen
Nachdenken
36 Jahre arbeiten
und dann ...
Prima-versichert"

Das Schreiben – und das ist Schlaus einziges Ziel – erregt die Aufmerksamkeit des Kunden. Herr Schlau erhält problemlos die gewünschten Beratungstermine. Den Rest erledigt er verkäuferisch routiniert und wird auf diese Weise quasi nebenbei im Laufe der Zeit auch noch zu einem Spezialisten für Lebensversicherungen und Fondsanlagen.

Machen Sie den ersten Schritt!

Wir leben in einer Zeit, in der Sie die Möglichkeit haben, über die verschiedensten Medien Kontakt zu Ihrem potenziellen Kunden aufzunehmen. Nutzen Sie Fax oder E-Mail oder schicken Sie – das ist zwar altertümlich, aber effektvoll – ein Telegramm. Der Text könnte so aussehen:

„Ich habe eine Idee für Sie, die Sie bestimmt interessieren wird. Geben Sie mir bitte vier Minuten Ihrer wertvollen Zeit. Sie werden sehen, es wird sich für Sie lohnen! Ich meine wirklich: vier Minuten, außer Sie entscheiden, dass wir uns länger unterhalten sollten. Ich rufe Sie an! Mit den besten Grüßen ..."

Nehmen Sie die Probleme Ihres Kunden als die Ihren an. Beschäftigen Sie sich mit diesen Problemen und entwickeln Sie Ansätze, wie diese behoben werden könnten. Wenn Sie Ihr Gespräch mit dem Satz beginnen: „Herr Kunde, ich habe Ihnen eine Idee mitgebracht...", zeigt das Ihrem Kunden, dass Sie sich mit ihm und seinen Interessen auseinandersetzen und ihm helfen wollen. Ein besseres Entree können Sie sich nicht verschaffen.

Werden Sie für potenzielle Neukunden tätig!

Bei Mailing-Aktionen in der Kaltakquise kennen Sie und Ihr potenzieller Neukunde sich noch nicht. Die folgende Technik wird Ihren Kunden veranlassen, Ihnen gegenüber positive Vorurteile zu entwickeln. Dadurch werden Sie leichter den gewünschten Termin erhalten.

Welche Interessen, Probleme, Sorgen und Nöte hat Ihr Kunde? Schicken Sie Ihrem Kunden im Abstand von jeweils zwei bis drei Wochen dreimal etwas für ihn Interessantes zu. Allgemeine Informationen über Besonderheiten und Entwicklungen der Branche Ihres potenziellen Kunden können Sie dem Wirtschaftsteil Ihrer Zeitung entnehmen – besser noch: den Fachpublikationen seines Berufsstands. Aktuelle geschäftliche Entwicklungen seiner Firma, wie beispielsweise die Neueröffnung einer Zweigniederlassung, finden Sie im Lokalteil Ihrer Tageszeitung. In den meisten Tageszeitungen findet sich eine Rubrik mit der Überschrift „Neues aus dem Geschäftsleben". Aber auch gutes Zuhören in Gesprächen mit anderen Menschen kann Ihnen wertvolle Informationen liefern wie beispielsweise die, dass Ihr potenzieller Neukunde einen Unternehmensnachfolger sucht. Vielleicht sind Sie unter anderem auf den Verkauf von Firmen spezialisiert oder kennen jemand anderes, zu dem Sie einen Kontakt herstellen können. Sie sollten generell darauf achten, dass Ihr potenzieller Kunde ein großes Interesse an den Informationen, die er von Ihnen erhält, haben muss. Denken Sie darüber nach, lesen Sie Tageszeitungen, Fachzeitschriften und picken Sie sich die Informationen heraus, von denen Sie meinen, dass Ihr Kunde ein brennendes Interesse an ihnen hat oder dass sie ihm bei der Lösung eines Problems helfen. Wenn Sie zum Beispiel in der Zeitung lesen, dass bei einem potenziellen Kunden häufig in die Geschäftsräume eingebrochen wird, so hat dieser Kunde natürlich ein brennendes Interesse daran, seine Geschäftsräume besser zu (ver-)sichern.

Wenn Sie einem Fremden, der Kunde werden soll, etwas zuschicken, wird dieser bei der ersten Sendung, die er von Ihnen erhält, verblüfft sein, da er Sie nicht kennt. Spätestens nach dem dritten Brief haben Sie es geschafft, ein positives Vorurteil über Ihre Person im Kopf des Kunden zu verankern. Dann wird es Zeit, ihn anzurufen, um einen Gesprächstermin zu vereinbaren oder – besser noch – ihn direkt aufzusuchen.

Auch mit der folgenden Technik wird es Ihnen leichter fallen, Termine zu bekommen: Sie schreiben Ihrem potenziellen Kunden einen kurzen Brief, in dem Sie die Vorteile einer Beratung für ihn darstellen. Nennen Sie in diesem Anschreiben die Namen von drei bis vier Ihrer Lieblings-Kunden. Schreiben Sie deren Telefonnummern dazu. Selbstverständlich sollten Sie diese Kunden vorher um ihr Einverständnis bitten! Fordern Sie Ihren potenziellen Neukunden in Ihrem Schreiben auf, die genannten Kunden anzurufen, um sich bestätigen zu lassen, wie wertvoll Ihre Beratung ist. Sie werden feststellen, dass 90 Prozent der angeschriebenen Personen Ihre Referenz-Kunden *nicht* anrufen werden. Aber Sie haben es geschafft, bei Ihrem künftigen Kunden ein positives Vorurteil zu erzeugen.

Wecken Sie das Interesse Ihrer potenziellen Kunden!

Ich möchte Ihnen anhand von drei Beispielen demonstrieren, wie Sie bei der Kaltakquise das Interesse Ihrer potenziellen Kunden wecken können.

Gastronomie

Das Restaurant „Rondeau" schreibt anlässlich von Geburtsanzeigen, die in der Tagspresse erscheinen, die glücklichen Eltern an:

Herzlichen Glückwunsch zur Geburt Ihrer Tochter Jasmin!

Liebe Familie Schulze,

Sokrates sagte einmal:

„Ein gutes Essen

bringt gute Leute zusammen."

Vielleicht beabsichtigen Sie, die ersehnte Ankunft Ihres jüngsten Familienmitgliedes mit „guten Leuten" und „gutem Essen" zu feiern?

Wir, Andreas und Marianne Balter mit unserem Team, würden Ihnen gerne bei einem Glas Sekt schöne Menüvorschläge unterbreiten, die Ihnen preislich noch die Möglichkeit lassen, ein Kinderzimmer einzurichten.

Rufen Sie uns an und vereinbaren Sie einen unverbindlichen Gesprächstermin.

Wir freuen uns auf Sie und grüßen Sie herzlich!

MARIANNE UND ANDREAS BALTER

Versicherungen für den Mittelstand
Der Versicherungsvermittler Thomas Ries schreibt Geschäftsleute in seinem persönlichen Umfeld an, um mit ihnen ins Gespräch zu kommen:

Guten Tag,
sehr geehrte Frau Hozman,
(handschriftlich)

seit langen Jahren schenken mir viele erfolgreiche Mannheimer Unternehmer ihr Vertrauen zu allen Fragen im Versicherungsbereich. Von einigen meiner Kunden weiß ich, dass Sie mit Ihnen, sehr geehrte Frau Hozman, bekannt sind. Vielleicht haben Sie insofern schon einmal von mir gehört?

Durch unsere für den Mittelstand maßgeschneiderten Produkte haben *Sie* die Möglichkeit, im Jahr viel Geld einzusparen!

Hierzu möchte ich Ihnen gerne zwei ganz konkrete Vorschläge unterbreiten:

Sie benötigen hierzu fünf Minuten Ihrer Zeit. Danach entscheiden Sie, ob es für Sie interessant ist, das Gespräch fortzusetzen.

Um einen Termin abzustimmen, werde ich mir erlauben, Sie in den nächsten Tagen anzurufen und grüße Sie bis dahin.

Thomas Ries

Auf diesen Brief klebt Herr Ries mit Fotoecken seine Visitenkarte auf.

Zusatzversicherung
Und nun ein Beispiel zu der Marketing-Technik „Huckepack-Networking":

Der selbständige Optikermeister Weinreb erhält ein Schreiben von Herrn Leonhard Leihkamm, der ebenfalls im Versicherungsaußendienst arbeitet. Herr Leihkamm möchte Herrn Weinreb als Vermittler für private Zusatz-Krankenversicherungen an Personen aus dessen Kundenkreis gewinnen. Herr Weinreb würde hieraus erheblichen Profit ziehen, da er seinen Kunden höherwertige Brillengestelle und -gläser verkaufen könnte, wenn diese besser versichert wären.

Eine Gesundheitsreform jagt die nächste!

Sehr geehrter Herr Weinreb,

die gesetzlichen Kassen schränken ihre Leistungen für Brillengestelle und hochwertige Gläser immer mehr ein. Dies führte in den letzten Jahren bei vielen Ihrer Kollegen zu empfindlichen Umsatzeinbußen.

- *Sind auch Sie von dieser Misere betroffen?*
- *Verdienen auch Sie bei bleibender Leistung Jahr für Jahr weniger Geld?*

Gerne möchte ich Ihnen eine Idee vorstellen, wie Sie pro Jahr ca.
20.000 bis 50.000 Euro mehr Umsatz
erzielen können.
Haben Sie Interesse?
Ich erlaube mir, Sie in den nächsten Tagen anzurufen.

Mit den besten Grüßen und Wünschen

Leonhard Leihkamm

Fazit:

Es ist gar nicht so schwer, mit ein wenig Kreativität, rhetorischer Begabung und Einfühlungsvermögen in die Bedürfnisse und Probleme der jeweiligen Zielgruppe ein Anschreiben zu entwickeln, das

- gelesen wird,
- Interesse weckt
- und Ihnen so zu Terminen verhilft.

Ihr Verkaufsgespräch

Wie genau Sie Ihr Verkaufsgespräch führen, hängt natürlich auch und in besonderem Maße von Ihrem Produkt ab. Im Buchhandel gibt es unzählige Bücher, die ausschließlich den Prozess des Verkaufens vor Ort beim Kunden zum Thema haben und die Ihnen helfen werden, wenn Sie diesbezüglich für sich einen Optimierungsbedarf haben. Hier in *diesem* Buch geht es primär um Networking-Techniken für mehr Erfolg im Verkauf.

Allerdings sollten Sie auf einige generell wichtige Bestandteile im Gespräch mit Ihrem Kunden achten, wenn Sie diesen für sich als Menschen und Kunden gewinnen wollen.

Empathische Strategien

Bevor Sie auch nur einen Gedanken daran verschwenden, wie Sie einem Ihnen bis dato völlig fremden Menschen Ihr Produkt verkaufen wollen, müssen Sie zunächst daran arbeiten, eine Beziehung zu diesem Menschen aufzubauen. Da Ihr potenzieller Kunde unter Umständen noch nichts oder nur wenig vom Nutzen Ihres Produkts für ihn weiß, bleibt diese Arbeit fast völlig Ihnen allein überlassen.

Man kann heute davon ausgehen, dass Entscheidungen zu mindestens 90 Prozent emotional getroffen werden. Ansonsten ließe sich nicht nachvollziehen, dass stark emotions-behaftete Produkte wie die von Lamborghini oder Missoni, noch immer ihre Abnehmer finden. Gefragt ist daher die Fähigkeit, die emotionale Welt des Kunden zu betreten, Gemeinsamkeiten zu entdecken und zu pflegen sowie eine Ebene der Gleichartigkeit und Gleichberechtigung herzustellen. Also:

▶ Vergessen Sie nicht das Lieblingswort des Kunden – seinen Namen. Gewiss, ein alter Hut! Aber leider lässt sich immer wieder beobachten, dass Verkäufer auf diese einfache, aber wirkungsvolle Übung verzichten.

▶ Schaffen Sie Gemeinsamkeiten! Menschen, mit denen wir vieles gemeinsam haben, mögen wir besonders. Denken Sie an einen Kunden, mit dem Sie „besonders gut können", den Sie gerne besuchen und mit dem Sie besonders gerne Geschäfte machen. Machen Sie sich Gedanken, inwieweit sich Ihre Sprache, Ihre Sprechweise, Ihre Bewegungen, Ihre Hobbys, Ihre Urlaubsziele und andere Dinge, die Ihnen wichtig sind, ähnlich sind. Und: Mit welchem Kunden können Sie überhaupt nicht? Vielleicht lebt dieser Mensch in einer Welt, zu der Sie nicht gehören möchten? Welche Brücke zu seiner Welt ließe sich dennoch schlagen?

▶ Nutzen Sie die Chance des ersten Eindrucks – diese erhalten Sie nur ein einziges Mal! Wie lautet Ihre Begrüßungsformel? Wie wirken Ihre Gestik, Ihre Mimik und Ihre Körpersprache? Lächeln Sie, wenn Sie jemandem das erste Mal gegenübertreten? Sehen, hören, fühlen Sie aufmerksam, wie sich Ihr Gegenüber entäußert? Passen Sie Ihr Verhalten Ihrem jeweiligen Kunden an?

▶ Fragen Sie gezielt und hören Sie gut zu. Eine altbekannte Verkäuferregel lautet: Der Kunde soll generell zu zwei Dritteln das Gespräch bestreiten, der Verkäufer nur zu einem Drittel. Halten Sie sich auch wirklich daran?

▶ Freuen Sie sich selbst über Lob und Anerkennung? Na klar. Ihr Kunde auch! Wie häufig loben Sie Ihren Kunden? Setzen Sie Dinge, die der Kunde Ihrer Auffassung nach gut und richtig macht, nicht als selbstverständlich voraus, sondern erkennen Sie diese an und teilen Sie diese Anerkennung Ihrem Kunden auch mit.

▶ Achten Sie auf den Standpunkt des anderen, und zwar gerade dann, wenn Sie diesen nicht teilen. Dabei geht es nicht um Akzeptanz, sondern um Toleranz. Denken Sie daran, dass der Kunde andere Erfahrungen gesammelt hat als Sie und dass *seine* Ansichten über das Leben aus diesen resultieren und für *ihn* richtig sind.

Die „Erste-Hilfe-Karte"

Sofern Sie Finanzdienstleister sind und vielleicht als Banker, Immobilienmakler, Versicherungsverkäufer oder Verkäufer von Fonds-Anlagen arbeiten, könnte das folgende „Werkzeug", das sich wohl sicher auch in anderen Branchen gut einsetzen lässt, interessant für Sie sein.

Wenn Sie die „Landkarte" Ihres Kunden kennen gelernt haben, können Sie, nachdem Sie zu Beginn des Gesprächs wie üblich Ihre Visitenkarte überreicht haben, eine zweite Karte auf den Tisch legen, die sicherlich häufig für Verblüffung sorgen wird. Diese Karte sieht so aus:

Mein Geschäft ist es,

mit allen Möglichkeiten dafür

zu sorgen,

dass meine Kunden

selbst bessere Geschäfte machen

und besser leben können!

Unterschreiben Sie die Karte in der Gegenwart des Kunden, überreichen Sie ihm diese und erläutern Sie ihm die auf der Karte stehende Philosophie. So heben Sie sich deutlich von der Masse der „gewöhnlichen" Verkäufer ab.

Welche Ideen haben Sie für eigene Strategien, die speziell zu Ihrer Branche und zu Ihrer ganz persönlichen Einstellung Ihrem Kunden und Ihrem Beruf gegenüber passen?

Der Umgang mit wichtigen Mitentscheidern

Verkaufen kann nur, wer in komplexen Netzwerken auch ausmachen kann, wer letztendlich die Kaufentscheidung trifft und denjenigen dann auch überzeugt. Besorgen Sie sich zu dieser Thematik alle Informationen, die Sie bekommen können, sei es aus Ihrer Firma, Ihrem Netzwerk, der Presse, von der Konkurrenz oder von wem auch immer. Seien Sie kreativ und entwickeln Sie ein detektivisches Gespür, um zu erfahren, wer im Kundenunternehmen die Kaufentscheidung trifft. Auf Ihrem Weg zum tatsächlichen „Entscheider" sollten Sie alle Personen, mit denen Sie in Kontakt treten, äußerst sensibel behandeln: Ihr Auftritt wird registriert, bewertet und im Netzwerk des potenziellen Kunden weitergegeben.

Kaltakquise wird von Verkäufern, die bei Bestandskunden erfolgreich sind, häufig deshalb so wenig betrieben, weil sie zum Beispiel die Existenz einer allmächtigen Sekretärin fürchten, die ihren Chef abschirmt. Auch wenn in vielen Vorzimmern sehr starke Frauen sitzen, die ihren Job exzellent machen, so gibt es doch probate Mittel und Wege, diese zu Verbündeten in Ihrer Sache zu machen. Sehen Sie die Sekretärin nicht als Hindernis, sondern machen Sie sie in Ihrem Netzwerk zu einem Knoten auf dem Weg zu dem Kunden, den Sie erreichen wollen.

▶ Rufen Sie zunächst in der Zentrale der Firma Ihres potenziellen Kunden an und erfragen Sie, wer im Vorzimmer sitzt. Wenn Sie sich dann verbinden lassen, haben Sie die Möglichkeit, die

Dame gleich mit ihrem Namen anzusprechen, was für eine positive Gesprächsatmosphäre sorgt. Sollte „die Chemie stimmen", könnten Sie auch zu ihr sagen: „Ich würde gerne direkt mit Ihnen in dieser Angelegenheit zusammenarbeiten." Koordinieren Sie mit ihr den Telefontermin. Das wertet die Dame im Vorzimmer auf und vielleicht öffnet Sie Ihnen den Weg zu Ihrem potenziellen Kunden.

▶ Sollten Sie dem Entscheider ein Produkt verkaufen wollen, das er privat benötigt – ein Auto, eine Immobilie oder eine Versicherung – so können Sie die „Hürde Sekretärin" relativ leicht überwinden, indem Sie die Frage nach Ihrem Anliegen kurz angebunden so beantworten: „Frau Schmetterling, die Angelegenheit ist privat!"

▶ Um das Vorzimmer zu überwinden, gibt es noch eine weitere Strategie: Schreiben Sie Ihrem Kunden einen – natürlich außergewöhnlichen – Brief und kuvertieren Sie ihn ein. Adressieren Sie ihn „Wirklich ganz persönlich an Herrn Kunden"! Verschließen Sie dieses Kuvert und stecken Sie es in einen größeren Umschlag. Diesen verschließen Sie wieder und schreiben darauf: „Wirklich persönlich an Herrn Kunden". Nachdem Sie dieses Kuvert verschlossen haben, stecken Sie es wiederum in ein größeres Kuvert und schreiben darauf: „An Herrn Kunden persönlich". Wenn die Sekretärin beginnt, das erste Kuvert zu öffnen, stutzt sie, öffnet vielleicht noch das zweite, aber wohl nicht mehr das dritte. Fragen Sie sich nun, ob dieses Vorgehen funktioniert? Ich denke: Es funktioniert nicht immer, aber meistens. Halten Sie dieses Vorgehen vielleicht für unseriös? Warum? Schließlich haben Sie ja nur einen Kunstgriff angewandt, um jemandem auch tatsächlich eine Information zukommen zu lassen, von deren Wichtigkeit Sie überzeugt sind. Ist es also unseriös, wenn Sie verhindern, dass eine für den Empfänger wichtige Nachricht abgefangen wird?

Referenzen – Brücken für Erstkontakte

Lassen Sie sich von Ihren Kunden möglichst viele Referenzen ausstellen: Machen Sie saubere Kopien davon, stecken Sie diese in Klarsichthüllen und heften Sie sie in Ihrer Verkaufsmappe ab. Markieren Sie vorher die wichtigsten Passagen mit Leuchtstift. Verwenden Sie diese Referenzschreiben auch, um regelmäßig vorgebrachte Kundeneinwände zu entkräften und zu widerlegen. Als Referenzgeber sollten Ihnen Kunden mit einer hohen Reputation dienen, deren Namen Neukunden nach Möglichkeit bereits bekannt sind. Selbstverständlich soll Ihr Referenzgeber den Text seines (an Sie gerichteten) Briefes mit seinen eigenen Worten auf sein Firmenpapier schreiben. (Falls *Sie* dieses Schreiben formulieren, könnte es sein, dass dies dem Neukunden unangenehm auffallen wird.) Sollten Sie Produkte verkaufen, die – im Gegensatz zu Versicherungen – sichtbar sind, wie beispielsweise Maschinen, Großküchen oder Kleidung, so können Sie durchaus den Einsatz Ihrer Produkte auf Videokassetten festhalten. Mit dem neuesten Camcorder haben Sie die Möglichkeit, Ihrem Kunden Ihr Produkt im Verkaufsgespräch entsprechend zu präsentieren. Sie können natürlich auch positive Aussagen von Kunden über Ihre Produkte auf Band aufzeichnen. Hier wäre es sinnvoll, wenn Ihre Referenzgeber in wenigen Worten schildern, welche Probleme sie hatten und wie Sie als Verkäufer diese gelöst haben.

Vielleicht bitten Sie auch einen Neukunden, mit Ihnen einen Stammkunden zu besuchen und sich das bei ihm im Einsatz befindliche Produkt (etwa eine Maschine) vor Ort anzuschauen. Dieser Besuch bringt erheblich mehr als jedes noch so gut geführte Verkaufsgespräch ohne konkrete Anschauung.

Denn schließlich will Ihr Gegenüber, wenn es überlegt, ob es Ihr Kunde werden soll, nur eines immer wieder von Ihnen hören: dass es als Kunde von Ihrem Produkt Nutzen, Nutzen und nochmals Nutzen hat.

Checkliste: Meine Neu- und Stammkunden

1. In welcher Zielgruppe könnte ich eventuell mehr Erfolg haben?
   _____
   _____
   _____

2. Was müsste ich dafür tun?
   _____
   _____
   _____

3. Wie würde ich meine Angst vor der Kaltakquise auf einer Skala von 1 (= keine Angst) bis 10 (= Auftreten von Panikattacken) bezeichnen?

   ```
   |----|----|----|----|----|----|----|----|----|
   1    2    3    4    5    6    7    8    9    10
   ```
   _____
   _____
   _____

4. Auf welche Ursachen führe ich die Bewertung zurück?
   _____
   _____
   _____
   _____

5. Wie kann ich diese Ursachen beheben?
   _____
   _____
   _____

6. Was war mein gelungenster Abschluss durch Kaltakquise?
   _____
   _____
   _____

7. Wie antworte ich zukünftig auf die Frage nach meiner Tätigkeit?
   _____
   _____
   _____

8. Welche Probleme haben meine drei wichtigsten Kunden?
   _____
   _____
   _____

9. Welche Lösungen kann ich für diese Kunden entwickeln?
   _____
   _____
   _____

10. Von welchen meiner Kunden könnte ich mir herausragende Referenzen ausstellen lassen?
    _____
    _____
    _____

7 Nach dem Abschluss ist vor dem Abschluss

Was gibt es Wertvolleres als Empfehlungen?

*Alles, im Kleinen wie im Großen,
beruht auf Weitersagen.*

Christian Morgenstern

Nur die allerwenigsten Verkäufer fragen ihre Kunden nach Empfehlungen. Die meisten verlassen ihren Kunden nach einem Abschluss geradezu fluchtartig; Immerhin könnte er es sich ja wieder anders überlegen. Ein solches Verhalten ist grundlegend falsch! In dem Moment, in dem der Kunde Ihnen Ihr Produkt abgekauft hat, ist die Qualität Ihrer Beziehung am besten und am wertvollsten. Gerade *jetzt* sollten Sie die Möglichkeit, eine Empfehlung zu erhalten, nutzen. Denn eine kostengünstigere Möglichkeit, Neukunden zu akquirieren, können Sie gar nicht bekommen. Profitieren Sie von den persönlichen und geschäftlichen Beziehungen Ihres Kunden! Vielleicht erhalten Sie sogar Zutritt zu seinem Netzwerk.

Machen Sie sich nur einmal die Vorteile von Empfehlungen im Vergleich zur Kaltakquise bewusst:

1. Überlegen Sie, welchen Wert die Empfehlung allein schon deshalb hat, dass die Adresse kostenlos ist.
2. Im Kopf der potenziellen Neukunden existiert aufgrund der Empfehlung bereits ein positives Vorurteil zu Ihrer Person.
3. Das Anfangsvertrauen bewirkt von Anfang an eine bessere Atmosphäre im Verkaufsgespräch.

4. Dies wiederum führt zu einer höheren Abschlusswahrscheinlichkeit.
5. Insgesamt sparen Sie so natürlich auch Zeit im Vergleich zur Kaltakquise.
6. Diese Vorteile machen den Verkauf bedeutend stressarmer.
7. Da Sie Ihrem Neukunden empfohlen wurden, wird die Kundenbindung eine bessere sein.

Ist Ihnen schon aufgefallen, dass wir fast täglich Empfehlungen geben und erhalten? Wir kaufen Anzüge, Autos, Fernseher, fliegen in den Urlaub und gehen in Restaurants. Sind wir begeistert, machen wir quasi freiwillig Werbung für diejenigen, die uns die genannten Produkte verkauft haben. Nutzen Sie diese Verhaltensweisen, um selbst eine Empfehlung zu erhalten! Sie sollten sich dabei das Grundprinzip zu Eigen machen, dass das geschriebene Wort eher geglaubt wird als das gesprochene: Nutzen Sie also möglichst schriftliche Referenzen.

Wie initiieren Sie eine Mund-zu-Mund-Propaganda, die Ihnen ein Maximum an Empfehlungen einbringen wird? Selektieren Sie Ihre Kundenkartei nach Gleichgesinnten, also nach Angehörigen gleicher Branchen, nach Vereinen oder Verbänden und arbeiten Sie so an einem „Branchen-Netzwerk". Es ist wohl einleuchtend, dass ein Empfehlungsschreiben von einem x-beliebigen Kunden als Referenz für einen Neukunden, der nichts mit diesem Referenzgeber zu tun hat, weit weniger wert ist als ein Empfehlungsschreiben von jemandem aus der gleichen „Clique". Zudem verbreiten sich Informationen über Dienstleistungen innerhalb von Interessen- und Kommunikationsgemeinschaften um ein Mehrfaches schneller als über Gruppengrenzen hinweg. Die Top-Networker holen sich deshalb gezielt Empfehlungen und Referenzen aus *einer* Gruppe.

Erst, wenn Sie sich immer wieder klar machen, dass es sich bei Geschäftskontakten um Beziehungen handelt, wird auch die Hemmung, die Empfehlungsfrage zu stellen, schwinden. Bei einem guten Freund trauen Sie sich schließlich auch, nach jemandem zu fragen, der Ihnen bei der Lösung eines Problems behilflich sein kann. Voraussetzung ist allerdings auch im Geschäftsleben immer: Die Beziehung muss gut sein, ja: Sie muss – wie bei guten Freunden – regelrecht „perfekt" sein, denn Ihr Kunde will absolut sicher sein, dass er Ihnen hundertprozentig vertrauen kann, wenn er Sie weiterempfiehlt.

Aber die alte Empfehlungstechnik: „Sie brauchen mir nicht Ihr ganzes Telefonbuch zu geben, die ersten dreißig Namen reichen völlig aus!", zieht schon lange nicht mehr. (Ich glaube, sie hat sowieso nie funktioniert.)

Die fünf erfolgreichsten Empfehlungstechniken

1. Die einfache Empfehlungsfrage
„Herr Kunde, ich habe alles getan, um Sie mit dem Produkt zu versorgen, das am besten zu Ihnen passt. Dabei habe ich all Ihre Anforderungen und Wünsche mit einbezogen. Ich freue mich, dass wir ins Geschäft gekommen sind, weil Sie mit dem Ergebnis unserer Verhandlungen zufrieden sind. Über eine Empfehlung von Ihnen würde ich mich sehr freuen. Bitte nennen Sie mir doch die Namen von ein oder zwei Freunden oder Geschäftspartnern, die ebenfalls von meiner Beratung profitieren würden."

Zugegeben: Das klingt nicht sehr aufregend, aber wenn Sie es sich zur Gewohnheit machen, diesen Satz künftig nach *jedem* erfolgreichen Verkaufsgespräch unterzubringen, ist Ihnen der Erfolg sicher.

2. Die Kundenbefragung
Bei der folgenden Strategie nehmen Sie einen vorgefertigten Bogen aus Ihrem Aktenkoffer, der eine Art „Kundenbefragung" beinhaltet. Sie bitten den Kunden, Ihnen nach dem Verkaufsgespräch noch einige Fragen zu beantworten, die Sie dem vorbereiteten Kundenfragebogen entnehmen. Sie kreuzen die jeweiligen Antwortmöglichkeiten – diese lauten „JA" oder „NEIN" – an:

„Herr Kunde, ich danke Ihnen herzlich für Ihr Vertrauen und habe nun noch die abschließende Bitte, dass Sie mir einige Fragen beantworten:"

▶ „Waren Sie mit der Beratung zufrieden?"
   ☐ JA   oder   ☐ NEIN
▶ „Können Sie diese Beratung auch einem guten Freund, Bekannten oder Geschäftskollegen empfehlen?"
   ☐ JA   oder   ☐ NEIN
▶ „Dann möchte ich Sie bitten, mir von den in Frage kommenden Personen drei zu nennen, für die eine ähnliche Beratung von echtem Nutzen sein könnten:"
   1. ....
   2. ....
   3. ....

Auf Grund der Tatsache, dass der Kunde Ihnen vermutlich auf die Fragen eins und zwei mit „Ja" antworten wird – und das tut er in aller Regel nach einem Abschluss – ist die Wahrscheinlichkeit, dass Sie über diese Technik eine oder mehrere Empfehlungen erhalten, sehr groß.

3. Die „5-2-1-Regel"
Stellen Sie Ihre Fragen und geben Sie dem Kunden die Möglichkeit, selbst Prioritäten zu setzen:

▶ „Für welche fünf Menschen aus Ihrem persönlichen Umfeld wäre meine Beratung ebenso nützlich?"
▶ „Welche beiden Menschen sind Ihnen davon die wichtigsten?"
▶ „Welchen der beiden rufen wir gemeinsam sofort an?"

4. Die „Bieten statt bitten-Technik"
Obwohl die oben genannten drei Techniken zur Optimierung von Empfehlungsgaben durchaus funktionieren, setze ich die Folgende am liebsten ein. Ich nenne sie die „Bieten-statt bitten-Technik". Die Schritte dabei sind:

▶ Sie haben vor Ihrem eigentlichen Verkaufsgespräch beim Small Talk herausgefunden, zu welchen Kommunikationsgemeinschaften (z. B. Tennis- oder Golf-Club), Ihr Kunde gehört.

▶ Sie verkaufen dem Kunden erfolgreich Ihr Produkt.

▶ Sollte der Kunde aus dem Abschluss bei Ihnen einen finanziellen Vorteil – beispielsweise gegenüber dem Kauf eines Produkts beim Mitbewerber – haben, so reichen Sie ihm Ihren Taschenrechner und bitten ihn, sich seine finanzielle Ersparnis auszurechnen. Nennt Ihr Kunde Ihnen nun freudig seinen finanziellen Vorteil, so kommentieren Sie dies mit den Worten: Dann haben Sie ja heute einen beachtlichen Stundenlohn erzielt!"

▶ Fragen Sie nun: „Herr Kunde, Sie haben doch gute Freunde im Tennis-Club. Welchem Ihrer Freunde dort wollen Sie ein ähnliches Schnäppchen gönnen?"

Ihr Kunde wird sich geschmeichelt fühlen, da Sie erwähnen, dass er Freunde hat, also beliebt ist. Daher wird er kaum sagen: „Da ich einer der größten Egoisten auf dieser Erde bin, habe ich keine Freunde, und wenn ich welche hätte, dann würde ich denen nichts gönnen."

Bei dieser Strategie nutzen Sie also die emotionale Bindung zwischen Freunden und sprechen den „missionarischen Eifer" Ihres Kunden an.

5. Die branchenindividuelle Empfehlungsfrage
Arbeiten Sie in einer Branche, in der Sie es für nahezu aussichtslos halten, erfolgreich nach Empfehlungen fragen zu können? Das folgende Beispiel macht deutlich, dass es eine Frage der Kreativität ist, Techniken zu entwickeln, die ihre Wirkung nicht verfehlen:

Sofern Sie in einem Bereich tätig sind, in dem Sie zum Beispiel als Bankkaufmann oder Versicherungsverkäufer viel mit relativ alten Kunden zu tun haben, können Sie diese durchaus um eine Empfehlung bei deren Söhnen oder Töchtern bitten, sofern diese ebenfalls als Kunden für Sie in Frage kommen. Dieses Unterfangen wird allerdings oft erfolglos ausgehen.

Folgende Lösung bietet sich hier für Sie an:

Fragen Sie Ihren älteren Kunden ganz einfach: „Herr Kunde, wir haben nun seit vielen Jahren eine Geschäftsbeziehung und deshalb ist es mir wichtig, dass ich mich um Ihre Angelegenheiten auch kümmern kann, wenn Ihnen – Gott möge es verhüten! – etwas zustoßen sollte. Aber schließlich werden wir alle nicht jünger. Wer regelt eigentlich *Ihre* persönlichen Angelegenheiten, falls Ihnen etwas zustößt? Ich möchte mich gerne mit Dem- oder Derjenigen bekannt machen, damit dann im Ernstfall schnell ein Kontakt hergestellt werden kann."

Bei dieser Empfehlungstechnik stehen die Kundenorientierung und der Nutzen Ihres Vertragspartners im Vordergrund. Ein exzellenter Verkäufer, den ich persönlich kenne, hat auf diese Art und Weise zahlreiche Empfehlungen gerade bei älteren Kunden erhalten.

Strategische Allianzen

Strategische Allianzen sind gegenseitig nutzbringende Geschäftsbeziehungen, die Sie im Laufe der Zeit zu anderen Menschen aufbauen können. Die Partner Ihres Netzwerks, also Ihre „Verbündeten", werden Ihnen vollkommen vertrauen. Man hilft sich gegenseitig, wenn es darum geht, die Interessen des anderen wahrzunehmen. Sie sollten daher permanent nach solchen potenziellen Alliierten Ausschau halten.

Natürlich funktioniert das Knüpfen solcher Kontakte besser, wenn Sie zuerst Namen und Empfehlungen anbieten und kostenlos Serviceleistungen weitergeben. Da das Leben ein Geben und Nehmen ist, werden Ihre „Alliierten" Sie im Laufe der Zeit ebenfalls mit qualifizierten Namen und Empfehlungen versorgen.

Nehmen wir an, Sie arbeiten im Versicherungsaußendienst. Ihr Nachbar ist Diplom-Ingenieur bei der Autoschmiede Porsche und Sie konnten ihn nach harten Verhandlungen von den Vorteilen einer privaten Krankenversicherung überzeugen. Nun ist Ihr Nachbar davon überzeugt, die richtige Entscheidung getroffen zu haben, da er schon kurz nach dem Abschluss die Vorteile des besseren Versicherungsschutzes nutzen konnte. Er wohnt in einer teuren Mietwohnung und fährt ein kostspieliges Auto – so würde er sich freuen, sich nebenher ein paar Euro dazu zu verdienen. Es ist zu aufwendig und auch nicht notwendig, Ihren Nachbarn mit Fachwissen auszustatten, damit er als aktiver nebenberuflicher Vermittler selbständig private Krankenversicherungen für Sie vermitteln kann. Aber Sie können ihn dafür gewinnen, in seiner Firma für Sie aktiv Mund-zu-Mund-Propaganda zu betreiben und Ihnen *Termine* zu besorgen. Den Rest erledigen Sie als Profi natürlich selbst. Bieten Sie Ihrem Nachbarn einen Teil der Vermittlungs-Provision an, seien Sie nicht zu großzügig, aber auch ja nicht zu knauserig. Staffeln Sie die Höhe der Provision nach der Anzahl der vermittelten Kunden. (Der Ordnung halber sei erwähnt, dass Sie Ihren Vermittler natürlich darauf hinweisen müssen, dass er die Provisionseinnahmen versteuern muss.)

Durchforsten Sie Ihre gesamte Kundenkartei nach potenziellen strategischen Verbündeten, die Ihnen in dieser Art und Weise weiterhelfen können. Seien Sie dabei kreativ und denken Sie außerhalb gewohnter Bahnen! Sprechen Sie Ihre Kunden auf die Möglichkeit der beiderseitig nutzbringenden „strategischen Allianz" an, mehr als „Nein" sagen können sie nicht. Auch hier herrscht wieder das Gesetz der großen Zahl, und ein gewisser Prozentsatz wird Ihnen (und somit natürlich auch sich selbst) gerne weiterhelfen.

Aktivieren Sie die Empfehlungsadresse!

Wenn Sie eine Empfehlung erhalten, sollte diese Adresse nicht in Ihrer Schreibtisch-Schublade landen, um vielleicht für viele Tage ein unnützes Dasein in der Dunkelkammer zu fristen, sondern Sie sollten diese brandheiße Adresse noch am selben Tag akquirieren. Die goldene Regel dabei lautet: Wuchern Sie mit dem Pfund, das Sie erhalten haben, das heißt: mit dem Namen des Empfehlungsgebers –, denn schließlich unterscheidet sich der Hintergrund Ihres Anrufes bei dem potenziellen Neukunden ausschließlich durch den Namen des Empfehlungsgebers von der reinen Kaltakquise.

Rückmeldungen und Danksagungen an Empfehlungsgeber

*Viele Missverständnisse entstehen dadurch,
dass ein Dank nicht ausgesprochen,
sondern nur empfunden wird.*

Ernst R. Hauschka

Es muss für Sie eine Selbstverständlichkeit sein, Ihren jeweiligen Referenzgeber ständig darüber auf dem Laufenden zu halten, inwieweit seine Empfehlung Ihnen weitergeholfen hat. Er wird sich freuen, wenn Sie von Erfolgserlebnissen berichten können und er Ihnen helfen konnte! Zeigen Sie sich erkenntlich, zum Beispiel durch eine Einladung zum Mittagessen.

Referenzen und Selbstmarketing

Wenn Sie beispielsweise hochwertige Autos verkaufen, sollten Sie sich bei der Schlüsselübergabe an Ihre Kunden fotografieren lassen. Integrieren Sie diese Fotos in Ihre Verkaufsmappe. Ein Bild sagt mehr als tausend Worte, da Bilder bekanntermaßen Wünsche evozieren und Situationen zeigen, in denen sich die Kunden selbst befinden möchten. Sobald Ihr Neukunde sieht, wie sehr Sie sich selbst mit Ihren Produkten identifizieren, wird der Funke schneller überspringen.

Sollte es Ihnen gelungen sein, einen Prominenten (dies kann auch durchaus eine lokale Größe wie beispielsweise der Bürgermeister oder der allseits bekannte Vorsitzende des Gewerbe-Vereins sein) als Kunden zu gewinnen, lassen Sie sich ebenfalls mit diesem fotografieren. Integrieren Sie dieses Bild in Ihre Verkaufsmappe. Wenn Sie so dokumentieren, wer zu Ihrem Netzwerk gehört, wertet dies Ihr Können auf. Das erhöht Ihre Reputation, was Sie wiederum für andere Personen und deren Netzwerke attraktiv macht.

Sehr effektiv sind selbstverständlich positive Bewertungen Ihres Produkts von Konsumentenvereinigungen wie zum Beispiel der „Stiftung Warentest". Der Markt an entsprechenden Fachzeitschriften wächst nahezu täglich. Kaufen Sie sich eine entsprechende Zeitschrift, sei es „Finanztest", Capital" oder „Impulse", wenn positiv über Ihr Produkt berichtet wird. Nutzen Sie dann solche Publikationen als Referenzen bei Ihrem Kunden. In diesem Zusammenhang möchte ich Ihnen von Arthur L. Williams berichten:

Art, so nennen ihn seine Freunde, baute 1977 in den USA einen Versicherungsvertrieb auf, der mittlerweile mehr Verträge verkauft als die ehrwürdige „Prudential", die seinerzeit der größte Lebensversicherer der USA war. Allein 1987 schloss die „A. L. Williams" Lebensversicherungsverträge in der unglaublichen Höhe von 81 Milliarden Dollar Versicherungssumme ab. Prudential, der bisherige Marktführer, erzielte dagegen nur 26 Milliarden Dollar Versicherungssumme im Neugeschäft.

Arthur L. Williams, der ein wunderbares Buch mit dem Titel „Das Prinzip Gewinnen" geschrieben hat, ist es gelungen, den Anwalt für Verbraucherfragen und damaligen Vorsitzenden des Verbraucherschutz-Verbandes in Georgia, Dr. Tim Ryles, als Autor für das Vorwort seines Buches zu gewinnen! Und das, obwohl Williams im berüchtigten Strukturvertrieb tätig ist, das heißt: Williams vermittelt Verträge für Lebensversicherer, wobei er die Produkte, z. B. Todesfall-Versicherungen ohne Sparanteil, selbst entwickelt. Ich kann mir nicht vorstellen, dass Arthur L. Williams sich das Vorwort von Dr. Ryles „gekauft" hat. Vielmehr ist die Tatsache bemerkenswert, dass Williams mit den Bedürfnissen seiner Kunden an die Produktanforderungen für die Lebensversicherungen heranging und über diese Strategie einen überragenden Erfolg realisieren konnte.

Netzwerke verknüpfen

Sie haben ein Netzwerk, *Ihr Kunde* hat ein Netzwerk. Bekanntlich ist Liebe das einzige, das nicht weniger wird, wenn wir es verschenken. Auf Ihr Netzwerk trifft das ebenfalls zu. Fragen Sie sich, welche Vorteile Ihr Kunde hätte, wenn er Ihre Beziehungen nutzen könnte und bieten Sie ihm an, entsprechende Kontakte herzustellen. Sollten Sie umgekehrt ebenfalls Bedarf haben, am Netzwerk des Kunden zu partizipieren – und wer hat diesen Bedarf nicht –, dann bitten Sie ihn einfach um seine Hilfe.

Soviel zum Thema „Mehr Empfehlungen durch Networking-Techniken erhalten". Erlauben Sie mir noch einen Hinweis: Bemühen Sie sich, ständig an Ihrer Technik zur Empfehlungsnahme zu feilen und probieren Sie möglichst viele Varianten aus. Lernen Sie so, wie Sie Laufen gelernt haben, täglich nach Empfehlungen zu fragen, denn für jede erhaltene Empfehlung brauchen Sie weniger Kaltanrufe zu tätigen. Und bekanntermaßen ist eine Empfehlungsadresse sechsmal mehr wert als jede andere. Viel Erfolg!

Das folgende Kapitel wird sich damit beschäftigen, wie Sie Networking-Techniken einsetzen können, um

- Ihren Kunden-Bestand optimal auszuschöpfen,
- die Konkurrenz möglichst außen vor zu lassen
- und Ihren Kunden dauerhaft an sich zu binden.

Checkliste: Meine persönliche Empfehlungspraxis

1. Welche Empfehlung war seither die wichtigste für mich?
   _____
   _____
   _____

2. Welchen menschlichen oder materiellen Nutzen habe ich aus dieser Empfehlung gezogen?
   _____
   _____
   _____

3. Welche ist in meiner Verkaufspraxis die längste Kette von Empfehlungen, in der ich jeweils von einem Neukunden zum nächsten „weitergereicht" wurde?
   _____
   _____
   _____

4. Welche meiner Kunden halten auf Grund ihrer gesellschaftlichen Stellung und ihres Einflusses ein Füllhorn an Empfehlungen für mich bereit?
   _____
   _____
   _____

5. Welche drei dieser Kunden werde ich um Empfehlungen bitten?
   _____
   _____
   _____

6. Bis wann werde ich dies getan haben?
   _____
   _____

7. Mit wem aus meinem Umfeld und aus meinem Kundenkreis möchte ich eine strategische Allianz eingehen?

_____
_____
_____

8. Welche Vorleistungen muss ich hierfür gegebenenfalls erbringen?

_____
_____
_____

9. Bis wann werde ich diese Vorleistungen erbracht haben?

_____
_____
_____

10. Wann werde ich diese Personen auf eine strategische Allianz ansprechen?

_____
_____
_____
_____

8 Ihr Kunden-Bestand ist Ihr wertvollstes Kapital

Seien wir ehrlich: Kaltakquise ist doch für die allermeisten Verkäufer – und ich gebe es zu: auch für mich – Stress! Wenn wir uns diesem Stress in unserem Beruf schon freiwillig aussetzen, vielleicht weil es ohne Neukundengewinnung in dieser Form nicht geht, dann sollten wir doch angenehmere Tätigkeiten unseres Berufs, die mit einem niedrigeren Adrenalin-Spiegel einhergehen und *ebenfalls* unsere wirtschaftliche Existenz sichern, besser planen und konsequenter ausführen. Dabei denke ich insbesondere an Tätigkeiten, mit denen wir unsere durch Kaltakquise mühsam gewonnenen Kunden halten können. Je besser wir den weiteren Bedarf abdecken können, desto weniger Kaltakquise müssen wir betreiben.

Festigen Sie den Abschluss!

Arbeiten Sie an dauerhaften Kundenkontakten
Für viele ist der Kunde ein hochinteressanter Partner – solange er noch nicht gekauft hat. Danach schwindet das Interesse an ihm – und man lässt ihn mit seinem Produkt, aber auch mit seinen übrig gebliebenen Problemen, Sorgen und Nöten, ja: mit dem gesamten weiteren Potenzial, das er bietet, allein. Genau hier besteht die Gefahr, den Kunden gleich wieder zu verlieren. Bemühen Sie sich um regelmäßige Kontakte und um eine kontinuierliche Kundenbetreuung – nur so wird aus einem Einzelkontakt ein dauerhafter Kundenkontakt.

Berechnen Sie den Wert Ihres Kunden!
Die wenigsten Verkäufer beschäftigen sich mit den folgenden Fragestellungen:

- Was ist jeder ihrer Kunden „wert"? Diese Berechnung lässt sich auch ohne Betriebswirtschaftsstudium relativ leicht anstellen. Sollten Sie beispielsweise im Versicherungsaußendienst arbeiten, so berechnen Sie den gesamten Bedarf Ihres Kunden an Ihren Produkten bis zu seinem Eintritt in den Ruhestand. Was bedeutet in diesem Zusammenhang eine langfristig angelegte Beziehung zum Kunden?
- Welches Potenzial bietet das Umfeld Ihres Kunden? Stellen Sie fest, wie viele Knoten das engere Beziehungsnetz Ihres Kunden hat, denn diese Menschen können ebenfalls von Ihnen und Ihren Produkten profitieren. Kommen beispielsweise die Kinder des Kunden als künftige Vertragspartner in Betracht? Wann ist mit diesen Neukunden zu rechnen?
- Welche Marktpotenziale erschließen sich Ihnen unter Berücksichtigung der Ausbildung und der zukünftigen Karrierechancen Ihres Kunden?
- Wie interessant ist der Kunde für Sie hinsichtlich seiner Mitgliedschaft in Kommunikationsgemeinschaften (Golf-Club, Tennis-Club, Verbände etc.)?

Ich bin mir vollkommen sicher: Die wenigsten Verkäufer haben sich diese Fragen für *jeden einzelnen* ihrer Kunden beantwortet. Aber in genau diesen Antworten liegt der Schatz begraben, der darauf wartet, von Ihnen gehoben zu werden!

Ihr Kunde will Ihnen *dauerhaft*, auch nach dem Vertragsabschluss, vertrauen dürfen! Deswegen ist es für ihn – und damit auch für Sie – ungeheuer wichtig, dass Sie ihm immer wieder und wieder Ihre Wertschätzung signalisieren.

Danken Sie Ihrem Kunden für sein Vertrauen

Verkaufen beginnt dann,
wenn der Kunde die Rechnung bezahlt hat.

Japanisches Sprichwort

Nach dem Abschluss müssen Sie alles tun, um Ihren Kunden *dauerhaft* für sich zu gewinnen und als Geschäftspartner zu halten. Denn was soll Ihr Kunde von Ihnen denken, wenn er nach dem Abschluss nichts mehr von Ihnen hört? Er wird vielleicht enttäuscht sein und das mulmige Gefühl bekommen, über den Tisch gezogen worden zu sein. Am besten schicken Sie Ihrem Kunden am Tag des erfolgreichen Verkaufsgesprächs ein persönlich gehaltenes Dankschreiben zu. Dieses könnte zum Beispiel so aussehen:

Sehr geehrte Frau Schulz (handschriftlich),

heute haben Sie sich in unserem Gespräch für den Kauf von… entschieden. Für Ihr mir damit ausgesprochenes Vertrauen möchte ich mich an dieser Stelle sehr herzlich bei Ihnen bedanken!

Ich bin sicher, dass Sie mit dem gewählten Produkt eine gute und preiswerte Wahl getroffen haben.

Selbstverständlich stehe ich Ihnen auch weiterhin bei allen auftretenden Fragen gerne hilfreich zur Seite. Zögern Sie nicht, mich anzurufen!

Über eine Empfehlung an Personen aus Ihrem Bekannten-, Verwandten-, Freundes- oder Kollegenkreis würde ich mich sehr freuen.
Hierfür darf ich Ihnen einige Visitenkarten beilegen.

Ich möchte Ihnen versichern, dass ich alles tun werde, um unsere Zusammenarbeit für Sie so angenehm und nutzbringend wie möglich zu gestalten. Im Laufe der Zeit werde ich Ihnen beweisen, dass meine Maxime

„Kundennutzen vor Eigennutzen"

ins Schwarze trifft.
Nehmen Sie mich beim Wort!

Ich freue mich auf unser nächstes Treffen und grüße Sie herzlich

Ihr Uwe Schlattner

Zwei Wochen, nachdem Sie diesen Brief an Ihren Kunden geschrieben haben, sollten Sie ihn anrufen, um ihn zu fragen, ob „alles in Ordnung" ist. Sie zeigen ihm damit, dass es Ihnen wichtig ist, dass er zufrieden ist.

Einen Monat nach dem Abschluss sollten Sie Ihrem Kunden eine kleine persönliche Aufmerksamkeit zuschicken oder, besser noch, selbst bei ihm vorbeibringen. Das Geschenk muss nicht viel kosten, jedoch sollten Sie bei der Wahl des Geschenks die Relation zum Volumen Ihres Auftrags beachten.

Erfolgreiche Strategien zur dauerhaften Bindung des Kunden

Jährliche Situationsgespräche

Machen Sie es sich zur Maxime, mit Ihren wichtigsten Kunden und mit denen, die Ihre wichtigsten Kunden werden sollen, einmal im Jahr ein ausführliches Situationsgespräch über alles, was Kunden interessiert, zu führen. Helfen Sie Ihren Kunden, ihre Probleme zu lösen und zeigen Sie ihnen, dass Sie sich mindestens einmal im Jahr Zeit nehmen, sich ausführlich mit ihnen zu unterhalten. Dies wird sowohl Ihre zwischenmenschliche als auch ihre geschäfliche Beziehung dauerhaft festigen und dafür sorgen, dass Ihre Kunden weitgehend resistent gegen die Angebote der Konkurrenz werden. In diesen Gesprächen erfahren Sie, inwieweit Ihr Kunde noch mit Ihren Produkten und Ihrem Service zufrieden ist, was sich ansonsten in seinem geschäftlichen und privaten Umfeld geändert hat und welche neuen Hierarchien es innerhalb der Firma Ihres Kunden zu beachten gilt.

Regelmäßige Interessensbekundungen

Binden Sie Ihren Kunden durch persönliche Aufmerksamkeiten. Indem Sie das Emotions-Konto Ihres Kunden laufend auffüllen, beweisen Sie ihm immer wieder, dass Sie sich für ihn, für seine Arbeit und seine Interessen interessieren und dass Sie ihn bei der Realisierung seiner Ziele unterstützen möchten.

Schicken Sie Ihrem Kunden Kopien von Fachartikeln oder Pressemitteilungen, die ihn interessieren. Sie können hierzu die „Für-Sie-entdeckt-Karte" nutzen.

Glückwünsche zum Geburtstag

*Glück entsteht oft
durch Aufmerksamkeit in kleinen Dingen,
Unglück oft
durch Vernachlässigung kleiner Dinge.*

Wilhelm Busch

Erhalten Sie zu Ihrem Geburtstag auch Glückwunschkarten mit einem vorgedruckten Text und einer – manchmal unleserlichen – Unterschrift? Solche Glückwünsche wirken schon fast beleidigend. Immerhin ist vielen Menschen ihr Geburtstag sehr wichtig. Insofern sollte man diesen Tag auch persönlich und menschlich entsprechend würdigen.

Sehr sensibel geht Gert Hechtfischer mit den Geburtstagen seiner Kunden um. Der exzellente Versicherungs-Verkäufer schickt seit Jahren seinen Kunden handgeschriebene „Diddl"-Postkarten mit jährlich wechselnden Motiven. Viele seiner Kunden sammeln die Karten über Jahre hinweg.

Ein pfiffiger Geburtstagstext könnte folgendermaßen aussehen:

Anrede
(handschriftlich)

Zu Ihrem Geburtstag gratuliere ich Ihnen recht herzlich.

Lassen Sie sich noch mit Friedrich Morgenroth zurufen:

> „Meine Wünsche, meine Grüße
> kann man sicher gut gebrauchen:
> Kühlen Kopf und warme Füße
> und der Schornstein möge rauchen!"

Dieses Wort scheint mir eine gute Maxime für viele weitere Lebensjahre zu sein.

In diesem Sinne wünsche ich Ihnen einen erinnerungswerten Festtag!

Herzliche Geburtstagsgrüße

Ihr ...

Wenn Ihr Kunde einen „runden" Geburtstag feiert, so ist dies ein ganz besonderer Tag in seinem Leben. Zu diesem Anlass kann man beispielsweise wie folgt schreiben:

Anrede
(handschriftlich)

> „'s ist schlimm, wenn man alt wird",
> das Alter spricht.
> Aber: schlimmer ist es,
> man wird es nicht!

sagte einmal Heinz Erhardt.

Und mit dieser zutreffenden Weisheit
gratuliere ich Ihnen sehr herzlich
zu Ihrem heutigen fünfzigsten Geburtstag.

Ich wünsche Ihnen einen erinnerungswerten Festtag und für die Zukunft eine gute Gesundheit.

Mit den besten Grüßen …

Schön, wenn Sie Ihrem Kunden zum Geburtstag schreiben, noch besser ist es allerdings, wenn Sie ihn an diesem Tag anrufen. Warum? Nun, wenn Sie ihm einen Brief schreiben, so werden Sie nicht erfahren, ob es bei Ihrem Kunden neue Entwicklungen gibt, die Sie als Verkäufer veranlassen könnten, eines Ihrer Produkte anzubieten. Wenn Sie hingegen Ihren Kunden anrufen und nach der Gratulation die simple Frage stellen: „Was gibt es Neues?", dann wird Ihr Kunde Ihnen eventuell einige Informationen geben, die für Sie als Verkäufer relevant sind.

Sie können Ihren Kunden auch eine Freude machen, indem Sie Ihnen zum Geburtstag eine kleine Aufmerksamkeit zukommen lassen. Meine Sekretärin schenkte mir einmal das „Buch vom 21. September" zum Geburtstag. Dieser sehr schön aufgemachte kleine Band mit einem Titelbild von Friedensreich Hundertwasser berichtet darüber, was sich in den letzen Jahren am 21. September Wichtiges ereignet hat. Außerdem werden in Kurzform Prominente vorgestellt, die am selben Tag Geburtstag feiern. Im Buch- und Einzelhandel finden Sie weitere passende Aufmerksamkeiten und Geschenke wie Horoskop-Bücher, ausgefallene Kerzen, die mit den gängigsten Vornamen versehen sind, und viele Dinge mehr, über die sich Ihr Kunde freuen wird.

Weihnachtskarten
Ich selbst habe eine tiefe Abneigung gegen vorgedruckte Weihnachtskarten von Firmen. Jedes Jahr erreichen mich von ein und derselben Firma immer wieder die gleichen fantasielosen Karten. Diese Karten sind lediglich mit einem vorgedruckten Text und einer Unterschrift versehen. Sofort habe ich ein Fließband vor Augen, auf dem diese Karten liegen, und sehe meine geschäftliche Kontaktperson, die die vorbeifahrenden Karten im Akkord unterschreibt. Grässlich!

Da heutzutage wirklich jeder Weihnachtskarten verschickt, ist Weihnachten eine wunderbare Gelegenheit für Sie, sich durch Kreativität von der Masse der Kartenschreiber abzuheben, indem Sie sich etwas Originelles einfallen lassen!

Ihr persönlicher Weihnachtsbrief könnte folgendermaßen aussehen: Er ist gedruckt auf durchsichtigem Papier, das mit schönen, aber dezenten Weihnachtsmotiven (erhältlich in guten Schreibwarengeschäften) bedruckt ist, und hat folgenden Inhalt:

Rezept für das kommende Jahr:

Man nehme 12 Monate
putze sie ganz sauber von Pedanterie, Geiz und Angst
und zerlege jeden Monat in 30 oder 31 Tage.
Es wird jeder Tag einzeln angerichtet aus einem Teil Arbeit,
zwei Teilen Frohsinn und Humor.
Man füge drei Esslöffel Optimismus hinzu,
einen Teelöffel Toleranz,
ein Körnchen Ironie und eine Prise Takt.
Dann wird die Masse mit reichlich Lebensfreude übergossen.
Das fertige Gericht schmücke man mit Sträußchen
kleiner Aufmerksamkeiten
und serviere es täglich mit Heiterkeit.

Handschriftliche Anrede

Ich wünsche Ihnen und Ihrer Familie ein ruhiges und besinnliches Weihnachtsfest.

Für das kommende Jahr wünsche ich Ihnen Glück, Zufriedenheit und beste Gesundheit sowie die Erfüllung Ihrer ganz persönlichen Erwartungen!

Mit den besten Grüßen und Wünschen ...

Gratulationen zu Geburten
Wenn Ihre Kundin oder die Partnerin Ihres Kunden ein Baby bekommt, so ist dies sicherlich einer der freudigsten Anlässe im Leben dieser Menschen. Zeigen Sie diesen Personen also, dass Sie sich mit ihnen freuen! Man könnte zu diesem Anlass in die Spielwarenabteilung eines Kaufhauses gehen und eine Baby-Rassel oder einen Strampelanzug kaufen. Man kann allerdings auch kreativer sein:

Schon einige Monate vor der Niederkunft können Sie Ihrem Kunden ein „Vornamen-Buch" schenken. Aus diesem kann die Familie Ihres Kunden unter sämtlichen deutschen Vornamen den passenden Namen für den Nachwuchs auswählen.

Ein sehr witziges Geschenk ist „Der kleine Erziehungsberater" von Axel Hacke, dem Kolumnisten der Süddeutschen Zeitung. Oder schauen Sie selbst in einer Buchhandlung bei den „Erziehungsratgebern" nach. Die Auswahl ist groß und es ist für jeden etwas dabei.

Geschenke an Familienmitglieder des Kunden
Wenn Sie dem Tennis spielenden Junior Ihres Kunden eine Autogrammkarte von Boris Becker mitbringen, kann dies für mehr Begeisterung sorgen als eine Kiste Champagner, die Sie dem Vater schenken, der vielleicht sowieso schon alles hat. Eine echte Sensation wäre sicherlich auch ein Lederfußball, der von den Spielern des Lieblings-Fußballvereins des Stammhalters unterschrieben ist. Lassen Sie sich etwas einfallen, seien Sie kreativ! Sie können sicher sein, dass Sie damit zugleich auch Ihren eigentlichen Kunden eine Freude bereiten.

Beileidsbekundungen
Hat Ihr Kunde einen Trauerfall aus dem engsten Umfeld zu verschmerzen, so sollten Sie ihm zeigen, dass Sie ihm in diesen schweren Stunden beistehen. Dies sollten Sie mit wenigen, aber angemessenen Zeilen tun. Natürlich wählen Sie zu diesem Anlass kein weißes Briefpapier und schon gar kein Geschäftspapier Ihrer

Firma, sondern das im Schreibwarenhandel erhältliche Kondolenzpapier mit schwarzem Rand. Ebenfalls erhältlich sind dort speziell für diesen Anlass vorgesehene Briefumschläge. Für das Verfassen eines Kondolenzbriefes ist eine ganz besondere Empathie notwendig. Jedes Wort will gut überlegt sein. Ein solcher Brief könnte folgendermaßen lauten:

> *Wenn du bei Nacht den Himmel anschaust,*
> *wird es dir sein, als lachten alle Sterne,*
> *weil ich auf einem von ihnen wohne,*
> *weil ich auf einem von ihnen lache.*
> *Und wenn du dich getröstet hast,*
> *wirst du froh sein, mich gekannt zu haben.*
>
> *Antoine de Saint-Exupéry*
>
> Handschriftliche Anrede,
>
> *in diesen Zeiten des Abschieds bin ich Ihnen*
> *und Ihren Gedanken verbunden.*
>
> *Bertolt Brecht schreibt:*
> *„Die Schwachen kämpfen nicht.*
> *Die Starken kämpfen vielleicht eine Stunde lang.*
> *Die noch stärker sind, kämpfen viele Jahre.*
> *Aber die Stärksten kämpfen ihr Leben lang.*
> *Diese sind unentbehrlich."*
>
> *Mit stillem Gruß…*

Haben Sie ein besonders gutes Verhältnis zu einem Kunden, der einen sehr engen Angehörigen, beispielsweise ein Kind oder den Partner verloren hat, könnten Sie dem Trauernden auch ein passendes Geschenk zukommen lassen. In Buchhandlungen finden Sie viel Literatur zum Thema „Trauerarbeit". Als eines der besten Bücher zu diesem Thema gilt „Ich sehe deine Tränen – Trauern, Klagen, Leben können" von Jorgos Canacakis.

Ihr Kunde wird Ihnen Ihre herzliche Anteilnahme an seinem Schicksalsschlag nicht so schnell vergessen.

Wenn Sie all diese Möglichkeiten nutzen, um Ihren Kunden *als Menschen* an sich zu binden, minimiert dies die Gefahr einer eventuellen Illoyalität Ihnen gegenüber und damit einer eventuellen Abwanderung Ihres Kunden. Ihr Kunde fühlt sich bei Ihnen bestens aufgehoben! Und er weiß ganz genau, dass er eine so gute Beziehung zu einem Mitbewerber nicht so schnell wieder aufbauen kann, denn Vertrauen zu entwickeln und zu fassen dauert eben seine Zeit. (Der Preis des Produkts tritt infolge der guten Beziehung ohnehin immer mehr in den Hintergrund.)

Und immer wieder Kaltakquise ...

So weit, so gut. Nun gilt es aber, weitere Kunden zu gewinnen:

Erinnern Sie sich noch an unser Beispiel im siebten Kapitel? Es handelte von einem Verkäufer, der einen jungfräulichen Bezirk einer Start-up-Firma übernommen hat und dessen dringendstes Problem an seinem ersten Arbeitstag war, dass er keinen einzigen Kunden hatte. Nehmen wir an, er hat die oben ausführlich abgehandelten Phasen des Verkaufszyklus mustergültig abgearbeitet und einen ersten Kunden für sich gewinnen können:

Der Verkäufer hat
- seine Zielgruppe definiert,
- ein Konzept zur Kaltakquise entwickelt,

- ein Verkaufsgespräch strukturiert,
- kalt akquiriert und einen Abschluss getätigt,
- seinen ersten Kunden erfolgreich um eine Empfehlung gebeten,
- die Empfehlungsadresse bearbeitet – vielleicht mit Erfolg,
- den ersten Abschluss gefestigt
- und dann alles getan, um eine dauerhafte Kundenbindung herzustellen.

Allerdings werden zwei Kunden unseren mustergültigen Verkäufer kaum bis zu seiner Pensionierung ernähren können. Nicht jeder verkauft Atomkraftwerke oder Kreuzfahrtschiffe. Daher gilt es weiterhin, erfolgreich neue Kunden zu finden, und zwar mittels Kaltakquise.

Bleiben Sie bei der Kaltakquise hartnäckig. Nichts auf der Welt kann Hartnäckigkeit ersetzen, weder Genie, noch Talent, noch Begabung. Die Welt ist voll von sehr talentierten, hoch gebildeten, aber letztendlich doch scheiternden Menschen, die nicht willens sind, eine Entscheidung zu treffen und eine Aufgabe zu Ende zu bringen.

Blockieren *Sie* Ihre Energien also nicht mit Ängsten und Vermeidungsstrategien, sondern gehen Sie durch die Angst hindurch und ein Ende der Angst ist gewiss. Was Ihnen heute noch schwer fällt – vielleicht ist es *gerade* und *besonders* die Kaltakquise –, wird morgen zur normalen Routine geworden sein, wenn Sie jeden Arbeitstag mit der Erledigung *der* Aufgaben beginnen, die Ihnen noch besonders schwer fallen.

Systematisieren Sie Ihre Kundendaten und -kontakte

Organisatorische, akquisitorische und kundenorientierte Planung
Damit Sie als Verkäufer Ihre wirtschaftliche Existenz sichern können, müssen Sie ermitteln, welche Kunden aufgrund ihres derzei-

tigen oder künftigen Potenzials großer Aufmerksamkeit und besonderer Beziehungspflege bedürfen. Also: Wenn Sie einen Schatz heben wollen, sind gründliche Vorbereitungen notwendig. Folgendes sollten Sie tun, um Ihr Einkommen systematisch zu planen.

Organisatorisch:
- Planung der Jahresaufgaben
- Steuerung der Jahresarbeit unter Kostengesichtspunkten
- Entlastung von Sachbearbeitung
- Steuerung der Abläufe im Büro
- Steuerung der Informationsverarbeitung
- Erfolgskontrolle

Akquisitorisch:
- Zielgruppenbestimmung
- Festlegung auf Produktgruppen-Schwerpunkte
- Überarbeitung der einzusetzenden Verkaufsunterlagen
- Erfassung der Anzahl der Verkaufsgespräche im Verhältnis zu den Abschlüssen
- Erfassung der Anzahl der erhaltenen Empfehlungen im Verhältnis zu den Verkaufsgesprächen
- Organisation und Optimierung der Neukundengewinnung
- Organisation des Aufbaus bestehender Kundenbeziehungen
- Software-Einsatz für das Angebotswesen
- Aufbau einzigartiger Wettbewerbsvorteile
- Entwicklung verschiedener Marketinginstrumente

Mit Blick auf die Kundenorientierung:
- Erfassung der Chancenpotenziale
  - im Bestand
  - in der Region

- ▶ Erfassung aller Kundenpotenziale
  - Erfassen von Kundendaten
  - Aufbau einer Akquisedatenbank
  - Selektion nach Vertrags- und Kundenkriterien
  - Gezielte Pflege der Kundenübersicht
  - Kundenklassifizierung
  - Pflege bestehender Kundenbeziehungen
  - Festlegung der Besuchs- und Kontaktintervalle
  - Festlegung von Servicemaßnahmen
  - Eigene Kundenbefragungen

Diese Aufgaben bilden sozusagen das Perpetuum mobile des Verkaufserfolgs und verhilft Ihnen somit zur Maximierung des Salärs. Wer alle diese Aufgaben abgearbeitet hat, braucht sich über Kundenbindung, Cross-Selling-Quoten und entgangene Chancen keine Gedanken mehr zu machen.

Möglichkeiten des Kundenmanagements
Die vielfältigen Möglichkeiten des Bestands- und Kundenmanagements werden oft nicht ausreichend genutzt. Der Kunde wird besonders von den folgenden fünf Motiven geleitet:

- ▶ vom Streben nach Geltung und Anerkennung,
- ▶ vom Bedürfnis nach Sicherheit,
- ▶ von der Befriedigung seiner ständigen Neugier,
- ▶ von der Suche nach Anlehnung und Kontakt,
- ▶ vom Wunsch nach Bequemlichkeit.

Diese menschlichen Bedürfnisse unserer Kunden können wir durch systematisches Kontaktmanagement befriedigen:

- ▶ Schenken Sie Ihrem Kunden Beachtung, hören Sie ihm aktiv zu und loben Sie ihn.
- ▶ Erklären Sie Ihrem Kunden, warum er mit Ihrem Produkt auf der sicheren Seite ist.

- Befriedigen Sie die Neugier ihres Kunden, indem Sie ihn über Neuerungen auf dem Laufenden halten.
- Pflegen Sie Kontakt mit Ihrem Kunden, wann immer sich die Möglichkeit dazu bietet.
- Bieten Sie Service, erledigen Sie gelegentlich auch einmal unangenehme Arbeiten für Ihren Kunden, denn erfolgreich ist, wer werthaltige Kundenbeziehungen besitzt und nutzt!

Deshalb investieren überdurchschnittlich erfolgreiche Verkäufer in langfristige Kundenbeziehungen und bauen ein bleibendes Stammkunden-Kontingent auf, das sie auf lange Sicht wirtschaftlich unabhängig macht. Daraus folgt, dass solche Verkäufer alles tun, um die Cross-Selling-Quote in ihrem Bestand zu optimieren. Weil solche Verkäufer auch um die Regel „Führung gleich Kommunikation" wissen, tun sie alles, um ihre Kunden stets auf dem Laufenden zu halten.

Für jeden Verkäufer ist es eine unumstößliche Tatsache, dass derjenige, der einen guten Kontakt zu seinem Kunden hat, viel leichter Termine bekommt. Wenn Sie am Telefon sitzen, um zu terminieren, sollten Sie vorher Ihre Hausaufgaben gemacht haben:

Finden Sie für den Einstieg in das Telefongespräch eine Gemeinsamkeit mit Ihrem Kunden. Vielleicht haben Sie sich notiert, wo der Kunde nach Ihrem letzten Kontakt in Urlaub war? Ein Gesprächseinstieg, der darauf Bezug nimmt, erleichtert Ihnen den Aufbau einer positiven Atmosphäre ungemein. Ihr Kunden-Bestand ist Ihr Kapital, mit dem sie in Zukunft noch sehr viel Geld verdienen können. Sie könnten Ihr Kunden-Kontaktmanagement zum Beispiel folgendermaßen systematisieren:

- Stellen Sie eine Liste mit Ihren 100 wichtigsten Kunden zusammen.
- Legen Sie diese Liste in Ihre Schreibtischschublade.
- Rufen Sie jeden Tag einen Kunden von der Liste an, einfach um nachzufragen, zuzuhören und zu erfahren, ob Ihr Kunde über irgendetwas reden möchte.

▶ Wenn Sie am Ende Ihrer Liste angelangt sind, fangen Sie wieder von vorne an.

Ein selbständiger Landmaschinenmechaniker-Meister im Schwarzwald geht ähnlich vor: Er ruft jeden Freitag dreißig seiner Kunden an, nicht mehr und nicht weniger, und fragt: „Was gibt es Neues?" Durchschnittlich fünf der Angerufenen antworten sinngemäß: „Gut, dass Du anrufst. Mein Traktor ist vor einer Stunde kaputtgegangen!" Oder: „An Sie habe ich heute auch schon gedacht: Bei meinem Mähdrescher steht die Inspektion an!"

Würde man heute nach anderen Regeln suchen, nach denen man die Bilanzen von Unternehmen erstellt und den Wert von Firmen definiert, so wäre es sinnvoll, die Anzahl und die Anbindung der Kunden zu bilanzieren. Die Kunden sind nämlich das Wertvollste, was eine Firma besitzt. Nicht umsonst sagt man: „Lieber einen Auftrag verlieren als einen Kunden!"

Bedenken Sie: Tagtäglich führen Verkäufer Millionen von Gesprächen mit Kunden, die bereits ein oder mehrere Male gekauft haben und die noch weitere Produkte kaufen könnten oder mit Kunden, die noch nicht gekauft haben, aber durchaus als Käufer in Frage kommen. Denn der Mensch ist neugierig und immer interessiert an zündenden Ideen, von denen er profitieren kann. Wie viele dieser Millionen potenzieller Chancen, etwas zu verkaufen, werden tatsächlich genutzt? Sicherlich viel zu wenige. Sprechen Sie deswegen mit Ihrem Kunden über mehr als nur über sein aktuelles Anliegen. So bleiben Sie außerdem über Änderungen in der Organisation, im Management, in den Firmenstrategien und bezüglich der Prioritäten Ihres Kunden informiert. Und: Gut behandelte Reklamationen bieten oft einen fabelhaften Einstieg in neue Geschäfte.

Die Kundenbefragung
Ein probates Mittel, ein Maximum an Informationen zu erhalten, ist die systematisierte Befragung Ihrer Kunden. Hier sollten Sie Fragen wie: „Wie häufig wünschen Sie einen Betreuerbesuch?"

oder „War Ihr Betreuer in der Vergangenheit stets erreichbar?" mit aufnehmen, um auf diese Weise etwas über die Bedürfnisse Ihres Kunden zu erfahren. Außerdem können Sie auf diesem Wege erkunden, ob und inwieweit Ihr Kunde mit Ihren Dienstleistungen zufrieden ist. Erlaubt sind allerdings auch Fragen, deren Antwort Ihnen Aufschluss darüber gibt, inwieweit Ihr Kunde über Neuerungen innerhalb der von Ihnen vertretenen Produktpalette informiert ist. Denken Sie darüber nach, welche zehn Fragen sich für eine Kundenbefragung in Ihrer Branche am besten eignen. Entwickeln Sie ein Muster für die gezielte Befragung Ihrer Kunden. Sie werden die Erfahrung machen, dass Ihre Kunden Ihnen gerne Auskunft erteilen, sobald Sie glaubhaft vermitteln können, dass Sie sich für ihre Belange interessieren.

Die Abwanderung von Kunden
Bevor ein Kunde zur Konkurrenz wechselt, sollten Sie alles getan haben, um ihn zu halten. Wenn Ihr Kunde dennoch geht, Sie sich allerdings nichts vorzuwerfen haben, weil Sie alles getan haben, um ihn zu halten, dann lassen Sie ihn ziehen!

Gerade gehaltene Kunden sind profitabler, weil sie

- ▶ höhere Folgekäufe tätigen,
- ▶ durch Cross Selling zusätzlichen Umsatz bringen und
- ▶ die Akquisekosten pro Kunde bei Stammkäufern sinken.

Wann ist ein Kunde verloren? Früher als Sie glauben: „Immer dann, wenn die Geschäftsbeziehung gewisse Schwellenwerte unterschreitet", sagt Professor Dr. Homburg. Klassische Anzeichen für den baldigen Verlust eines Kunden: Sie haben seit längerem keine Aufträge mehr erhalten, die Geschäftsbeziehung ist rein passiv und der interne Marktanteil, den Ihr Unternehmen bei einem Kunden hat, wird immer geringer.

Typische Gründe für die Kündigung eines Kunden sind:

- ▶ Service- und Reklamationsdefizite,
- ▶ Mängel in der Unternehmenslei(s)tung,

- preisbezogene Probleme,
- Probleme an der Schnittstelle zwischen Verkäufer und Kunde.

Durchschnittliche Verkäufer haben für Probleme, die sich zwischen ihnen und den Kunden ergeben, häufig zu wenig Gespür. Sie investieren vor allem in Geschäftsabschlüsse und in die Akquisition neuer Kunden, sodass sie immer wieder von vorn beginnen. Die Erfolgs-Losung lautet vielmehr:

beraten, verkaufen, betreuen.

Auf die Betreuung der Bestandskunden kommt es heute mehr denn je an, wenn man die Loyalität des Kunden zum Verkäufer und damit zum Unternehmen festigen will.

Checkliste: Meine Kontakte zu den Bestandskunden

1. Welche meiner Kunden haben noch viel Potenzial im Hinblick auf meine Produktpalette?
   _____
   _____
   _____

2. Wie werde ich den Abschluss künftig noch stärker festigen?
   _____
   _____
   _____

3. Welche Kunden habe ich in den letzten drei Jahren stark vernachlässigt oder vielleicht gar nicht gesehen?
   _____
   _____
   _____

4. Bei welchen besonderen Anlässen meiner Kunden werde ich künftig reagieren?
   _____
   _____
   _____

5. Wie genau werde ich dies tun?
   _____
   _____
   _____

6. Was werde ich künftig hinsichtlich meiner
   – Organisation
   _____
   _____
   _____

   – Akquisition
   _____
   _____
   _____

   – Kundenorientierung
   _____
   _____
   _____

   unternehmen, um mein Einkommen zu planen?

7. Wie kann ich ein effektives Kunden-Kontakt-Management aufbauen?
   _____
   _____
   _____

9 Top-Networker öffnen ihre Trickkiste

Aufbau eines neuen Netzwerks beim Stellenwechsel

Auch Verkäufer wechseln manchmal den Arbeitgeber oder Kooperationspartner. Vielleicht ist dies bei Verkäufern statistisch gesehen sogar häufiger der Fall als bei anderen Berufsgruppen. Wie auch immer. Wenn *Sie* mit Ihrem Arbeitgeber nicht „verheiratet" sind und sich Ihre innere Unabhängigkeit bewahrt haben, dann sollten Sie permanent Augen und Ohren offen halten, um vielleicht morgen eine Möglichkeit wahrnehmen zu können, die heute für Sie noch nicht in Frage kommt.

Mit dieser Offenheit verschaffen Sie sich im Laufe der Zeit Informationen, die einmal für Sie wertvoll werden könnten. Etwa dann, wenn Sie einen neuen Arbeitgeber suchen, der zu Ihnen passt.

Nutzung von bestehenden Netzwerken bei der Stellensuche

Wenn Sie auf der Suche nach einem neuen Arbeitgeber sind, sollten Sie über folgende Fragen nachdenken:

▶ Welcher neue Arbeitgeber interessiert Sie?
▶ Kennen Sie jemanden, der dort arbeitet?
▶ Wer aus Ihrem persönlichen Umfeld kennt jemanden, der dort bereits tätig ist?
▶ Stellen Sie selbst einen Kontakt her oder bitten Sie Ihren Bekannten darum.

▶ Welche Informationen kann Ihnen der potenzielle künftige Kollege unter vier Augen über die Aufgabe, das Umfeld, die Kollegen, das Arbeitsklima und den Chef geben?

Im Bewerbungsgespräch sollten Sie sich vor allem um Souveränität bemühen. Je höher die Position ist, die Sie anstreben, desto wichtiger ist es, dass Sie sich in dem entsprechenden Umfeld mit einer großen Gelassenheit und Selbstverständlichkeit bewegen. Dies gelingt vor allem denjenigen, die sich von Kindheit an in sehr gut situierten Umgebungen bewegen. Daher ist es kein Wunder, dass mehr als 80 Prozent der Top-Manager den „oberen" drei Prozent der Bevölkerung entstammen. „Was tun?", fragt man sich, wenn man zu den restlichen 97 Prozent gehört. Eine breite Allgemeinbildung, vorzugsweise auf kulturellem Gebiet, stellt in den Augen der meisten Entscheider ein eindeutiges Indiz dafür dar, dass jemand über den Tellerrand hinausblicken kann. Sicherheit in Geschmacksfragen und das Selbstbewusstsein, auch einmal bewusst gegen die herrschende Meinung zu verstoßen, wirken sicherlich sehr souverän. Das gilt auch für die Fähigkeit, sich in unvorhersehbaren und komplizierten Situationen gut zurechtzufinden. Ingenieur-Studenten zum Beispiel, die auch Vorlesungen und Seminare aus dem geistes- und sozialwissenschaftlichen Bereich besuchen, wissen, dass diese Erweiterung ihres Horizontes auch ihre Karrierechancen verbessern wird.

Wenn Sie auf der Suche nach einer neuen Stelle sein sollten, hilft Ihnen der rasante technische Fortschritt heute auch beim Networking. Die Internet-Adressen für Wechselwillige lauten:

▶ www.manager-lounge.de
▶ www.leadersonline.com
▶ www.future-step.com
▶ www.vdesb.de

Sofern Sie nicht als Führungskraft, sondern als Verkäufer nach einer neuen Stelle Ausschau halten, finden Sie mit der Internet-Suchmaschine „Google" unter dem Stichwort „Stellenangebote für Verkäufer" Hunderte von Angeboten. Ich nenne Ihnen nur einige wenige Websites:

www.technikjobs.de (zum Beispiel für Vertriebsingenieure)
www.consultants.de
www.calmbach.de
www.dexion.de
www.wuerth.com

Vernachlässigen Sie Ihr bisheriges Netzwerk nicht!

Viele Manager machen den Fehler, den Einfluss der Menschen zu unterschätzen, die die Firma in jüngerer Vergangenheit verlassen haben oder verlassen mussten. Tja – zu kurz gedacht! Falls *Sie* den Arbeitgeber gewechselt haben, haben Sie unter Umständen vor Ihrem Wechsel sehr viel Zeit investiert, um Ihr Netzwerk aufzubauen und die dazugehörigen Zahlen, Daten und Fakten zusammenzutragen. Warum wollen Sie all diese Informationen einfach in den Papierkorb werfen und nicht mehr nutzen? Sie sind Verkäufer. Wem gehören Ihre Kunden – der Firma oder Ihnen? Wem gehören die Kontakte, die Sie aufgebaut haben? Der Firma oder Ihnen? Wir Verkäufer wissen alle, dass der Kunde häufig nicht wegen der dahinter stehenden Firma ein Produkt kauft, sondern eher aufgrund seiner vertrauensvollen Beziehung zu einem bestimmten Verkäufer. Daher wird dieser Kunde wohl auch nach Ihrem Wechsel zu einem anderen Arbeitgeber Ihr Kunde bleiben. Informieren Sie deshalb Ihre Kunden, Freunde und andere wichtige Geschäftspartner über Ihren Wechsel!

Das Schreiben, in dem Sie Ihre Netzwerk-Partner über Ihren Wechsel informieren, könnte folgendermaßen aussehen:

Lieber, sehr geehrter Herr Lehne (handschriftlich),

seit Jahren arbeiten wir erfolgreich zusammen.

In dieser Zeit hatten wir viele nette menschliche Begegnungen und konnten einige Ihrer geschäftlichen Probleme gemeinsam lösen.

Deswegen darf ich sagen, dass ich stolz auf Ihr Vertrauen bin, welches Sie mir seit Jahren schenken! Herzlichen Dank dafür!

Wie Sie wissen, arbeite ich in einem Marktsegment, in dem der rasante technische Fortschritt gerade in letzter Zeit dazu geführt hat, dass *viele innovative Firmen* immer *neue* und *bessere Produkte* anbieten – und dies für die Kunden häufig *kostengünstiger* als manche Mitbewerber.

Und so bin ich auf die **Firma xy** aufmerksam geworden, die sich, wie oben beschrieben, in ganz besonderem Maße um den **Kundennutzen** verdient macht.

Nach reiflicher Überlegung bin ich zu dem Schluss gekommen, meinen Kunden *deutlich mehr Vorteile* bieten zu können, wenn ich den Arbeitgeber wechsle und künftig die Produkt- und Dienstleistungspalette der Firma xy vertrete.

Ich habe dies getan, da mir vollkommen bewusst ist, dass mein „wahrer Arbeitgeber" mein Kunde ist und dass ich dauerhaft dessen Interessen, und damit auch Ihre, vertreten muss und will.

Freuen Sie sich auf hochinteressante Neuerungen, mit denen Sie viel Geld sparen werden!

Anbei meine neue Visitenkarte. Ich werde Sie in den nächsten Tagen anrufen, um einen Termin mit Ihnen zu vereinbaren.

Bis dahin grüße ich Sie herzlich

Ihr Joachim Merle

Gehen Sie beim Aufbau neuer Netzwerke behutsam vor!

Wenn Sie eine neue Stelle antreten, wird im Vorfeld viel über Formalitäten wie Gehalt, Altersversorgung und Dienstwagen gesprochen. „Nur der Job selbst", sagt der renommierte Professor Fredmund Malik, „bleibt üblicherweise im Nebel." Der Unterschied zwischen der konkreten Position und der Stellenbeschreibung ist meistens nicht einmal den Headhuntern klar. Da heißt es dann: „Ab sofort ist Maier erster Trompeter", nur, was er spielen soll, das sagt ihm keiner.

„Die tödlichen Fehler", so der Headhunter Heiner Thorborg, „passieren ganz am Anfang. In den ersten hundert Tagen werden die Weichen für den Erfolg der kommenden Jahre gestellt".

Sie bereiten sich viele Schwierigkeiten, wenn Sie sich als der „Neue" ohne Vorwarnung auf die Probleme stürzen, an denen schon drei Ihrer Vorgänger gescheitert sind. Wenn Sie z. B. das heikle Vertriebsthema erfolgreich anpacken, an dem sich Ihr Vorgesetzter über Jahre hinweg vergeblich versucht hat, haben Sie einen Feind mehr. Wenn Sie mit Ihren Verbesserungsvorschlägen gegen eine Wand laufen, weil Sie nicht wissen, wer mit wem paktiert oder wenn Ihre Ideen zwar gut, aber aus unternehmenspolitischen Gründen tabu sind, bereiten Sie sich ebenfalls Unannehmlichkeiten.

An der fachlichen Qualifikation mangelt es selten: „80 Prozent der Kandidaten scheitern an den geheimen Spielregeln", weiß Peter Friederichs, Personaldirektor bei der HypoVereinsbank. „Wer das nicht bedenkt", so befürchtet er, „verbrennt seine Leute, gerade die besten."

Sie können bei Ihrer früheren Firma in Ihrer letzten Position ein Star gewesen sein, aber beim nächsten Arbeitgeber in der gleichen Funktion kläglich scheitern, weil Sie niemand unterstützt. Fallen gibt es ohne Ende: Sie haben kein Image, keine gemeinsame Geschichte mit Kollegen, Ihnen wird erlaubt, was man dem „Kaminaufsteiger" innerhalb der Firma verbietet, was wiederum den Neid der Kollegen mit sich bringt. Sie sollen alte Muster in Frage stellen, neue Wege beschreiten – und das kann Ihnen sehr schnell zum Verhängnis werden.

Also, die Unternehmenskultur ist neu, Sie kennen die Spielregeln nicht, und Sie haben (noch) keinen Zugang zu dem dort bestehenden Netzwerk: Sie müssen als erstes die Kultur mitsamt ihren Spielregeln kennen lernen und sich ein Netzwerk schaffen. Das Operative hat Zeit.

Wie man erfolgreich ein neues Netzwerk auf- und ausbaut

„Sollte ich Ihnen irgendwann einmal weiterhelfen können, lassen Sie es mich bitte wissen. Zögern Sie nicht, mich anzurufen, denn Kundenzufriedenheit genießt für mich absolute Priorität." Als Wolfgang Steib kürzlich deutscher Geschäftsführer der britischen Nobelfirma Jaguar wurde, schrieb er alle Kunden an, stellte sich vor und forderte sie mit den obigen Worten auf, sich im Bedarfsfalle an ihn zu wenden. Kompliment, Herr Steib, Jaguar Deutschland scheint mit seinem neuen Chef eine sehr gute Wahl getroffen zu haben!

Schauen wir uns an einem Beispiel an, wie der Aufbau eines Netzwerks bei einem neuen Arbeitgeber funktionieren kann:

Herwart Jakob ist Bezirksdirektor in der Versicherungsbranche. Seit 15 Jahren ist er ein treuer Diener seines Arbeitgebers und leitet erfolgreich eine Bezirksdirektion. Eines Tages fusioniert seine Gesellschaft mit einem Mitbewerber und entschließt sich, den Standort der Niederlassung, in der Herwart Jakob beschäftigt ist, zu schließen. Herr Jakob wurde in den letzten Jahren bereits mehrfach befördert, was häufige Wechsel seines Einsatzortes mit sich brachte. Nun hat er es satt. Er will nicht wieder umziehen. Er sucht sich einen neuen Arbeitsplatz bei einem Arbeitgeber an seinem Wohnort. Auf Grund seiner guten Erfolge in der Vergangenheit verläuft die Jobsuche problemlos. Er wird Leiter der Bezirksdirektion der Prima-Versicherung.

Bevor er sein „altes" Unternehmen verlässt, lädt er allerdings die wichtigsten seiner früheren Mitarbeiter auf eigene Kosten zu einem Abendessen bei seinem Lieblings-Italiener ein. Er möchte sich bei diesen Menschen für ihre gute Arbeit bedanken, ihnen seine Wertschätzung ausdrücken und den Kontakt zu ihnen auch künftig aufrecht erhalten.

In den ersten drei Wochen seines neuen Arbeitsverhältnisses wird Herr Jakob nach Absprache mit seinem Vorgesetzten in zwei anderen Bezirksdirektionen sowie in der Direktion, der Zentrale seines neuen Arbeitgebers, eingearbeitet.

▶ Diese Zeit nutzt er, um die **Strukturen und Hierarchien** innerhalb der neuen Firma kennen zu lernen. Er findet heraus, wer in für ihn relevanten Bereichen Entscheidungen trifft und führt in einer Woche in der Direktion dreißig Gespräche mit diesen Personen. Seine Gesprächspartner sind Vorstandsmitglieder, Bereichsleiter und Abteilungsleiter.

▶ Aber Herr Jakob vergisst auch nicht die Wichtigkeit der **„Unternehmenskultur"** seines neuen Arbeitgebers. Er stellt fest, dass diese Kultur völlig anders ist als bei seinem früheren Arbeitgeber und stößt auf einen vom Vorstandsvorsitzenden herausgegebenen „Ehrenkodex" für leitende Angestellte mit dem Titel „Führen und Verhalten". Diese Broschüre studiert er aufmerksam, um die Spielregeln kennen zu lernen.

▶ Während seines Einsatzes in der Zentrale informiert er sich, welche Mitarbeiter dort **Vorgänge** der **Bezirksdirektion** bearbeiten, für die er künftig Verantwortung trägt.

▶ Aufgrund der Vielzahl der geführten Gespräche macht er sich mittels firmeninterner und über den Bildschirm abrufbarer Auskünfte schlau darüber, welcher Kollege wann **Geburtstag** hat. Er nimmt diese Daten in seine Networking-Kartei auf und entwirft ein schönes Muster-Anschreiben für Geburtstagsbriefe. Für runde Geburtstage konzipiert er ebenfalls einen Mustertext.

▶ **Dienstjubiläen** nimmt Herr Jakob auf Wiedervorlage, um den Jubilaren zu gratulieren.

- Selbstverständlich schreibt Herr Jakob die Mitglieder seines neuen Netzwerks künftig auch bei **Beförderungen** an, da mit der Wichtigkeit ihrer Position auch die Wichtigkeit der Beziehung zu ihnen steigt.
- Wenn er in seine Bezirksdirektion zurückkommt, **bedankt** er sich bei der Person, die seine Einarbeitung organisiert hat, da er weiß, dass dies mit Arbeit und Mühe verbunden war. Er fügt seinem Brief ein passendes Geschenk bei, das er privat bezahlt.
- Zwischenzeitlich hat er eine bundesweite Veranstaltung besucht, bei der ihn der Vertriebsvorstand seinen Kollegen vorgestellt hat. Nach dieser Tagung bedankt er sich mit ein paar Zeilen bei seinem Vorstand dafür, weil er ahnt, dass es an der Spitze sehr einsam ist und dass sich der Vorstand über ein „Dankeschön" freut.
- Die Personen, mit denen er in der Direktion ausführlich gesprochen hat und die für seine künftige Arbeit für die Bezirksdirektion wichtig sind, wird er in einem **Anschreiben** auch über Dinge am Markt **informieren**, die für diese Menschen von Interesse sind. Ferner wird er entsprechende Unterlagen beifügen.
- Aber Herr Jakob denkt auch an die Personen, die er aufgrund seiner knapp bemessenen Zeit in der Direktion nicht kennen lernen konnte, die aber dennoch für die Zusammenarbeit mit seiner Bezirksdirektion wichtig sind. Er entwirft einen Brief, in dem er sich diesen Personen **vorstellt:**

Auf gute Zusammenarbeit,

sehr geehrter Herr Ludwig!

Wie Ihnen vom Vorstand der Prima-Versicherung mitgeteilt wurde, leite ich seit dem 1. April des Jahres die Geschicke unserer Bezirksdirektion in Heidelberg.

Ich schreibe Ihnen, da ich mich heute bei Ihnen vorstellen möchte:

Ich bin 38 Jahre alt, seit 16 Jahren verheiratet und habe eine achtjährige Tochter namens Carolin. Nach dem Abitur im Jahre 1981 habe ich bei der Optimal-Versicherung in Stuttgart eine Ausbildung zum Versicherungskaufmann absolviert. Danach sah mein beruflicher Werdegang bei der Optimal Versicherung so aus:

- 5 Jahre Hauptagent in Stuttgart
- 2 Jahre Vertriebsleiter in Freiburg
- 2 Jahre Direktionsassistent bei der Landesdirektion in München
- 8 Jahre Filialdirektor in Heidelberg.

Nach der Fusion mit der Suboptimal-Versicherung entschloss sich der Vorstand, die Filialdirektion in Heidelberg nach 75 Jahren zu schließen und das Personal der Suboptimal-Versicherung in Mannheim zuzuordnen.

Aus diesem Grund wurde es für mich notwendig, mich am Markt neu zu orientieren. Ich freue mich, sagen zu können, dass ich bei der Prima-Versicherung eine neue berufliche Heimat gefunden habe – und das in einem Hause, das von einer hohen Unternehmenskultur geprägt ist.

Ich würde mich sehr freuen, Sie demnächst einmal persönlich kennen zu lernen und wünsche Ihnen und Ihrer Familie alles Gute!

Mit den besten Grüßen

Ihr Herwart Jakob

▶ Dann widmet er sich den Daten, die die **Mitarbeiter** seiner Bezirksdirektion betreffen: Er notiert alle **Geburtstage** – auch die der Partnerinnen und Partner – in seinem Kalender und organisiert sein Vorzimmer so, dass jeweils pünktlich ein Geburtstagsbrief zugestellt wird.

▶ **Besondere Jubiläen**, wie beispielsweise die Silberne Hochzeit eines Mitarbeiters, nimmt sich Herr Jakob auf Wiedervorlage.

▶ Er notiert auch, wann **Kinder** von Mitarbeitern ihre **Kommunion** oder **Konfirmation** feiern, damit er mit ein paar netten Zeilen und einem passenden Präsent gratulieren kann.

Bei all diesen Schreiben ersetzt Herr Jakob die normalerweise im Sekretariat verfasste Anrede durch eine handschriftliche, um auf diese Weise der Person, der er schreibt, seine Wertschätzung zu bekunden.

▶ In den nächsten Wochen seiner Tätigkeit stellt er fest, dass es bei der internen Kommunikation zwischen den Verkäufern, den Führungskräften im Außendienst und den Innendienstmitarbeitern Optimierungsbedarf gibt. Er kreiert eine monatlich erscheinende „**Hauszeitung**" seiner Bezirksdirektion, die er Monat für Monat selbst herausgibt. Da Herr Jakob ohnehin viel liest, sammelt er laufend aus der Fachpresse Artikel, die für seine Mitarbeiter von Interesse sind. Daher ist die Konzeption der Hauszeitung für ihn jeden Monat in rund einer Stunde erledigt. Die Erstellung und Vervielfältigung dieser Hauszeitung überträgt er einem Auszubildenden im dritten Lehrjahr. Die Hauszeitung umfasst jeweils ein persönliches Anschreiben an alle Mitarbeiter und Verkäufer im Außendienst. In diesem geht Herr Jakob auf die aktuellen Ereignisse und Entwicklungen im Vertrieb ein. Er nimmt z. B. Einladungen zu Tagungen und Weiterbildungsveranstaltungen in die Hauszeitung auf oder auch Statistiken, aus denen hervorgeht, inwiefern die Verkäufer des Unternehmens ihre Vertriebsziele realisieren konnten. Außerdem werden in der Hauszeitung die Monatssieger der einzelnen Versicherungssparten geehrt. Die Zwischenergebnisse von Wettbewerben vergisst Herr Jakob ebenso wenig wie die Erwähnung der Urlaubszeiten und der Seminarbesuche seiner Mitarbeiter. Neue Mitarbeiter stellen sich in der Hauszeitung vor und wenn Mitarbeiter das Unternehmen verlassen, wird dies ebenfalls erwähnt. Darüber hinaus enthält dieses Organ der Bezirksdirektion noch interessante Presseartikel zu Themen der Assekuranz und – last but not least – eine Humorseite.

▶ Beim **Zusammenstellen des Verteilers** vergisst Herr Jakob auch seinen **Vorgesetzten** nicht, weil es ihm wichtig ist, dass dieser über die aktuellen internen Abläufe und Geschehnisse in der Bezirksdirektion Bescheid weiß und seine Strategie und Arbeit nachvollziehen kann. Schließlich hat dieser Vorgesetzte Herrn Jakob eingestellt und deshalb will er das Vertrauensverhältnis pflegen.

▶ Herr Jakob nimmt auch andere für die Zusammenarbeit in der Bezirksdirektion **wichtige Kolleginnen und Kollegen** mit in den Verteiler auf.

▶ Dann macht Herr Jakob sich daran, seine Führungskräfte zu befragen, welchen **besonderen Kunden** seiner Bezirksdirektion er sich ebenfalls vorstellen muss. Diese schreibt er dann an.

▶ Wichtigen **Kooperationspartnern** im Tagesgeschäft, z. B. dem Leiter einer großen Bank am Ort, stellt er sich gleichfalls mit einem Brief vor.

▶ Er vergisst auch nicht die **Kollegen** im näheren Umkreis seiner Bezirksdirektion, die er bislang noch nicht kennen lernen konnte.

▶ Danach ruft Herr Jakob alle **Außendienstpartner** an und vereinbart einen **Termin** bei ihnen im Büro oder zu Hause. Er achtet darauf, dass möglichst auch deren Partnerinnen bzw. Partner anwesend sind, damit er sich auch ihnen vorstellen kann. Als kleines Gastgeschenk bringt er eine Flasche Prosecco mit. Bei seinem Erstbesuch vermeidet er es tunlichst, über aktuelle Vertriebsergebnisse zu sprechen.

▶ Bei den **Kooperationspartnern** seiner Bezirksdirektion verfährt er in gleicher Weise.

- Da Herr Jakob weiß, dass ein Vorgesetzter nur dann voll und ganz anerkannt wird, wenn er auch selbst tut, was er von anderen verlangt, teilt er sich nach vorheriger Absprache mit Verkäufern seiner Bezirksdirektion für drei Arbeitstage im **Außendienst** ein und begleitet die Verkäufer an diesen Tagen. Auf diese Weise erhält er auch Einblick in das übliche Tagesgeschäft seiner Mitarbeiter.

- Ansonsten gratuliert Herr Jakob selbstverständlich Mitarbeiterinnen und Mitarbeitern zur **Geburt** eines Kindes und er vergisst auch nicht, zu diesem Anlass ein Kuscheltier zu besorgen. Sollte Herr Jakob solche Präsente nicht über die Firma abrechnen können, so hat er damit kein Problem. Er weiß, dass er derjenige in der Bezirksdirektion ist, der eines der höchsten Einkommen im Unternehmen bezieht und er vergisst nie, dass er dieses Einkommen auch den Verkaufsaktivitäten seiner Mitarbeiter verdankt.

- Als ein altgedienter und einflussreicher Mitarbeiter seiner Gesellschaft umzieht und eine neue Aufgabe in der Nähe von seiner Bezirksdirektion übernimmt, fragt Herr Jakob nach, ob dieser in der neuen Stadt **Hilfe** benötige. Der neue Kollege kennt sich im Ort nicht aus und er hat auch noch keine neue Wohnung gefunden. Auf Grund seiner guten Kontakte zu Immobilienmaklern kann Herr Jakob ihm helfen.

- Das Weihnachtsfest steht vor der Tür und Herr Jakob macht sich die Mühe, einen besonderen **Weihnachtsbrief** zu entwerfen, da er standardisierte Weihnachtspostkarten furchtbar findet. Den Weihnachtsbrief lässt er auf edlem Briefpapier in seiner Bezirksdirektion ausdrucken.

Herr Jakob ist seit einem Jahr für seine Bezirksdirektion tätig. Er ist mit dem Umsatz zufrieden, aber – und das ist ihm genau so wichtig – er hat sich in diesem Jahr mit der Kultur und mit den Spielregeln seiner neuen Firma eingehend vertraut gemacht. Herr Jakob hat die Zeit genutzt, um sich ein – zwar noch weiter ausbaufähiges, aber schon sehr tragfähiges – Netzwerk zu schaffen.

▶ Herr Jakob denkt an seinem Jubiläumstag daran zurück, wie der erste Kontakt zu seinem neuen Arbeitgeber zustande gekommen ist. Ein Landesdirektor aus einem anderen Bundesland hat auf Grund seines Stellengesuchs im Fachblatt „Versicherungswirtschaft" Kontakt zu ihm aufgenommen. Da Herr Jakob den Standort nicht wechseln wollte, reichte dieser Landesdirektor die Bewerbung an seinen jetzigen Vorgesetzten weiter. Dafür bedankt sich Herr Jakob heute bei seinem damaligen Kontaktmann: Er schreibt ihm einige Zeilen, in denen er auf die Tatsache hinweist, dass er nun bereits seit einem Jahr für seinen neuen Arbeitgeber tätig ist, bedankt sich für die Vermittlung des Kontaktes und fügt seinem Schreiben eine erlesene Zigarre bei.

So oder ähnlich könnte der Aufbau eines Netzwerks bei einem neuen Arbeitgeber vonstatten gehen.

Das Netzwerk als Unternehmenskapital – ein Beispiel

Falls *Sie* keinen neuen Arbeitgeber suchen, sondern sich perspektivisch selbständig machen wollen, können Sie das folgende Beispiel eines erfolgreichen Existenzgründers lesen, das ihnen für Ihren ganz persönlichen „Start up" mit probaten Networking-Techniken zahlreiche Anregungen bietet.

Otto Weibezahl, Jahrgang 1961, ist ein erfolgreicher Immobilien- und Versicherungsmakler in Konstanz am Bodensee. In dieser Funktion ist er seit vielen Jahren weit über das übliche Maß hinaus für seine Klientel aktiv. Er hilft seinen Kunden bei der Lösung der unterschiedlichsten Probleme, indem er aus seinem weit gespannten Beziehungsnetz Menschen empfiehlt, die diese Probleme lösen können. Sollte beispielsweise ein Unternehmer einen Käufer für seine Firma suchen, so macht sich Weibezahl Gedanken darüber, wer aus seinem Netzwerk dafür in Frage käme. Vor zwei Jahren beschloss Herr Weibezahl, diese Geschäftsidee professionell umzusetzen. Er gründete gemeinsam mit Steuerberatern und Rechtsanwälten die Unternehmer-Berater-Firma

„Score", die im Unterschied zur klassischen Unternehmensberatung nicht den Betrieb berät, um ihn erfolgreicher zu machen, sondern um die Nachfolge-Regelungen der Betriebsinhaber erfolgreich umzusetzen.

Herr Weibezahl und die anderen Eigentümer von „Score" unterhalten gute Kontakte zu Banken, beispielsweise zur Hessischen Landesbank, bei der vierzig Mitarbeiter ausschließlich dafür zuständig sind, neue Investitionsfelder für Kunden zu finden. So ist es „Score" in kurzer Zeit gelungen, etliche Nachfolgeregelungen in Betrieben optimal zu lösen und Firmen fit für Börsengänge zu machen. Otto Weibezahl hat also sein Netzwerk genutzt, um es zur Grundlage seiner Geschäfte zu machen: „Diese Geschäftsidee, zusätzlich zu meinen weiteren beruflichen Aktivitäten, kann allerdings nur erfolgreich umgesetzt werden, wenn man selbst über ein umfangreiches Netzwerk zu Kunden mit den vielfältigsten Problemen verfügt und selbst ebenfalls Netzwerkpartner hat, die das Know-how besitzen, diese Probleme zu lösen."

Wie Herr Weibezahl Kunden für Score gewinnt, zeige ich Ihnen nun anhand eines konkreten Beispiels in einzelnen Schritten auf:

- ▶ Herr Schafheitle, ein flüchtiger Bekannter von Otto Weibezahl, verkauft im Bodensee-Raum Immobilien und verwaltet die Vermögen wohlhabender Unternehmer.
- ▶ Herr Schafheitle – eigentlich Herr Weibezahls Konkurrent in Sachen Geldanlage und Immobilienverkauf in der Bodensee-Region – ruft Otto Weibezahl an und erzählt ihm, dass er von dessen Geschäftsidee gehört hat, und bittet ihn um kooperative Zusammenarbeit.
- ▶ Er berichtet ihm von einem seiner größten Firmenkunden. Dieser, Herr Heymann, ist 67 Jahre alt, stellt ein Haushaltswarengerät, nämlich eine Obstpresse, zum Preis von 14,90 Euro her, macht damit jährlich Millionenumsätze auf Wochenmärkten und möchte nun in den verdienten Ruhestand gehen. Da allerdings weder Herr Heymann selbst noch Herr Schafheitle einen geeigneten Nachfolger für die Firma wissen, befürchtet Herr

Schafheitle, dass die Firma aufgelöst werden und er den Inhaber als Kunden verlieren wird. Er bittet Otto Weibezahl, ihm dabei behilflich zu sein, einen geeigneten und solventen Käufer für den Betrieb zu finden. Dieses Unterfangen ist nicht ganz einfach, da der potenzielle Käufer einige Eigenschaften mitbringen muss, die in ihrer Summe selten anzutreffen sind:

▶ Der Käufer von Herrn Heymanns Firma muss natürlich solvent und kreditwürdig sein.

▶ Er muss als Unternehmer in der Lage sein, einen mittelständischen Betrieb mit eigener Produktion zu führen.

▶ Sehr wichtig ist es, dass der Nachfolger von Herrn Heymann sich mit dem hergestellten Produkt identifizieren kann. Erfolg hin oder her: Es handelt sich wie gesagt um eine Obstpresse.

▶ Genauso unabdingbar ist es allerdings, die Eigenheiten des Vertriebsweges dieses Haushaltsgerätes, das heißt den Absatz auf Wochenmärkten und die dort herrschenden Marktgesetze zu kennen.

▶ Und schließlich muss der Käufer von Herrn Heymanns Firma noch in der Lage sein, Verkäufer für sein Produkt einzustellen, diese auszubilden und zu führen.

▶ Herr Schafheitle fragt also Herrn Weibezahl, ob dieser einen geeigneten Interessenten wisse. Herr Weibezahl denkt nach.

▶ Einige Wochen zuvor war Otto Weibezahl bei einem seiner Kunden, einem Autohändler, der hochpreisige Fahrzeuge verkauft. Im Verkaufsraum fiel ihm ein Mann auf, der leger gekleidet aus einem teuren Fahrzeug ausgestiegen war, gleich lebhaft mit dem Personal sprach und zur Freude der Angestellten einen Witz nach dem anderen zum Besten gab. Von der positiven Ausstrahlung dieses Mannes angetan, fragte Otto Weibezahl seinen Kunden, um wen es sich denn bei dem Spaßvogel handele. Er erfuhr, dass dieser Mann, Herr Schneyder, freiberuflich sehr erfolgreich auf Wochenmärkten Pfennigartikel verkauft.

▶ Diese Begebenheit fällt Herrn Weibezahl wieder ein: Er ruft seinen Kunden, den Autohändler, an, erzählt ihm von dem

Problem des Herrn Schafheitle und bittet ihn um die Telefonnummer des Wochenmarkt-Verkäufers Schneyder.

▶ Otto Weibezahl ruft Herrn Schneyder an und erzählt ihm von dem erfolgreichen Fabrikanten Heymann und davon, dass dieser seine Firma veräußern möchte. Schneyder ist in hohem Maß an der Nachfolge interessiert, da er aus dem Tagesgeschäft von dem Erfolg des Produkts des Herrn Heymann weiß.

Und so hatte Otto Weibezahl einen seiner ersten Aufträge für „Score" erhalten. Allen Beteiligten war gedient, und es war – und das ist im Geschäftsleben immer am schönsten – eine echte „Win-win"-Situation, von der alle Beteiligten profitieren konnten.

Die Verkettung der oben beschriebenen Schritte könnte man zunächst als Zufall begreifen.

Dann übersieht man allerdings, dass Otto Weibezahl

▶ neugierig und offen für fremde Menschen ist und
▶ deshalb jede Gelegenheit nutzt, um Kontakte zu knüpfen, dass
▶ er Kooperationspartner bittet, Werbung für ihn zu machen, und
▶ umgekehrt ebenfalls bereit ist zu helfen. Außerdem hat er
▶ ein ausgeprägtes Gedächtnis für potenziell nützliche Kontakte.

Die Summe dieser Attribute macht den Networking-Erfolg von Otto Weibezahl aus!

Das „Pflichtprogramm" eines erfolgreichen Networkers haben wir nun sozusagen abgearbeitet. Im nächsten Kapitel folgt die „Kür". Dort werden Sie erfahren, wie Sie erfolgreich „Sog-Marketing" betreiben, das heißt: wie Sie Kunden dazu animieren, quasi von selbst den Weg zu Ihnen zu finden.

Checkliste: Für den Fall einer beruflichen Neuorientierung ...

1. Bin ich mit meiner jetzigen Tätigkeit zufrieden oder möchte ich mich beruflich verändern?
   _____
   _____
   _____

2. Warum möchte ich mich beruflich verändern?
   _____
   _____
   _____

3. Wer kann mir Informationen zu anderen Arbeitgebern geben oder Kontakte zu potenziellen Arbeitgebern vermitteln?
   _____
   _____
   _____

4. Falls ich meinen Arbeitgeber erst kürzlich gewechselt habe:

   ▶ Wen sollte ich darüber informieren?
   _____
   _____
   _____
   _____

   ▶ Wie genau sollte ich das tun?
   _____
   _____
   _____

▶ Wann werde ich die Information weitergeben?
_____
_____
_____

▶ Wann werde ich die Menschen, die ich über den Wechsel informiert habe, aufsuchen, um ihnen meine neuen Produkte vorzustellen?
_____
_____
_____

▶ Was kann ich tun, um bei meinem neuen Arbeitgeber ein neues Netzwerk aufzubauen?
_____
_____
_____

10 Bauen Sie Ihren Expertenstatus auf!

*Ein Image ist das, was man bräucht',
dass die anderen denken, dass man ist,
wie man gerne wär'.*
                              Erwin Pelzig (Fränkischer Kabarettist)

Ihr Leumund und Ihre Bekanntheit sind die wichtigsten Erfolgsfaktoren

Nur neidvoll auf die Erfolge anderer zu blicken, bringt Sie bestenfalls in Rage, aber nicht weiter. Fragen Sie sich vielmehr, welche Strategien *die* Top-Verkäufer anwenden, die nicht wissen, welche Anfrage sie zuerst bearbeiten, welches Angebot sie zuerst versenden und welche Empfehlung sie als nächste bearbeiten sollen.

Denn die Kernfrage *aller durchschnittlichen* Verkäufer lautet:

„Wie kommt der Kunde zu mir?"

Wie man erfolgreich an seinem Image arbeitet, demonstriert etwa folgendes Beispiel.

Dr. med. Hans-Wilhelm Müller-Wohlfahrt ist Mannschaftsarzt des Fußball-Clubs Bayern-München und außerdem ein hervorragender Networker. Man sieht den Orthopäden neben Boris Becker und vielen anderen Prominenten regelmäßig in der Presse. Herrn Müller-Wohlfahrts Bekanntheitsgrad führt dazu, dass der mittlerweile prominente Orthopäde auch andere Patienten magnetisch anzieht.

Er hat den Expertenstatus inne. Es ist zwar unlogisch, aber wahr:

▶ **Der Expertenstatus setzt einen hohen Bekanntheitsgrad voraus.**

▶ **Und Experte ist derjenige, den andere dafür halten.**

Diesen Bekanntheitsgrad nutzte der Mediziner, um ein Buch zu schreiben. Der Titel „So schützen Sie Ihre Gesundheit" war unmittelbar nach seinem Erscheinen auf der Bestsellerliste des „Spiegel".

Also gilt für Sie: Positionieren Sie sich! Kreieren Sie Ihren Auftritt und sichern Sie sich einen der vorderen Plätze im Markt. Arbeiten Sie an Ihrem Image, aber bleiben Sie sich dabei stets treu. So erreichen Sie, dass Ihre Mitmenschen auf Ihren Auftritt positiv reagieren. Ihr Name muss sofort mit Ihren konkreten Eigenschaften oder Erfolgen in Verbindung gebracht werden: „Sie sind also Herr Gwinner! Sie waren es doch, der mit Engagement und Durchsetzungskraft den Konzern Meier & Schulze aus den roten Zahlen geholt hat!"

Wissen oder ahnen Sie, wie sehr Sie als Verkäufer von Ihrem Bekanntheitsgrad und Leumund abhängig sind? Wie stark sich beide Faktoren auf die Reaktion eines potenziellen Neukunden auswirken können, erhellt aus den folgenden drei Szenarien. Ich möchte Sie bitten, bei der Lektüre derselben in die Rolle eines Immobilienverkäufers zu schlüpfen.

Szenario 1: Sie suchen einen potenziellen Neukunden erstmalig auf. Diesem Neukunden stellen Sie sich vor. Sie überreichen ihm Ihre Visitenkarte. Als Ihr Gegenüber diese näher betrachtet, schießt ihm durch den Kopf, dass er bereits in seinem Tennis-Club Informationen über Sie erhalten hat: „Achtung! Je sympathischer dieser Typ wirkt, desto vorsichtiger musst du sein!", hat es dort geheißen.

Nun, wie schätzen Sie realistischerweise selbst Ihre Verkaufschancen bei diesem potenziellen Neukunden ein? Einen Fan-

Club wird dieser vorgewarnte Zeitgenosse vermutlich nicht für Sie gründen.

Szenario 2: Nehmen wir einmal an, dass Ihr potenzieller Kunde – und dies dürfte die häufigste aller möglichen Varianten sein – keinerlei Informationen über Sie besitzt. Vielleicht wird er, nachdem Sie ihm Ihre Karte überreicht haben, sagen: „Vielen Dank. Ich schlage vor, Sie schicken mir 'mal ein Angebot zu. Üblicherweise hole ich dann noch drei bis vier weitere Angebote ein, die ich dann erst einmal meinem Steuerberater zur Begutachtung schicke. Sollte ich Interesse haben, melde ich mich wieder bei Ihnen. Auf Wiedersehen."

Kommt Ihnen diese Situation bekannt vor? Auch in diesem Fall hätten Sie es sicherlich alles andere als leicht, diesen Menschen für sich und Ihr Produkt zu gewinnen. Aber dies ist eben die klassische Situation bei einer Kaltakquise.

Szenario 3: Auch in der dritten Szene übereichen Sie Ihre Visitenkarte. Ihr Gegenüber betrachtet diese ehrfürchtig mit offenem Mund und sagt schließlich: „Herr Heihländer, welche Überraschung! Wie ich der Presse entnommen haben, sind Sie der führende Immobilienexperte in Deutschland. Sie haben sogar schon Richard von Weizsäcker ein Haus vermittelt. Das ist aber schön, dass Sie heute ausgerechnet zu mir kommen! Haben Sie ein paar Minuten Zeit, damit Sie mir bei einer Tasse Kaffee Ihr Angebot erläutern können? Für den Notartermin müssen Sie sich dann nicht noch 'mal Ihre wertvolle Zeit reservieren, das schaffe ich dann schon alleine."

Klingt das nicht Erfolg versprechend?

Wenn Sie sich diese drei Szenen aus dem Alltag von Immobilienverkäufern anschauen, drängen sich zum Szenario 3 zwei Fragen auf:

▶ Wie erreichen Sie es als Verkäufer, dass der Kunde solch ein positives (Vor-)Urteil über Sie im Kopf hat?
▶ Wie erlangen Sie den so genannten „Expertenstatus"?

Sie müssen „Magnet-Marketing" betreiben und als überragender Nutzenbieter bei Ihren künftigen Neu-Kunden so bekannt werden, dass diese den dringenden Wunsch hegen, Sie kennen zu lernen, um von Ihnen beraten zu werden. Je bekannter Sie werden, desto „magnetischer" ziehen Sie Ihre Kunden an.

Für jeden Verkäufer besteht der Königsweg des „Magnet-Marketing" aus folgenden Schritten:

- Erarbeitung herausragender Marketing-Strategien
- Schaffung von Netzwerken, dadurch
- Steigerung des Bekanntheitsgrades
- Anknüpfung einer Beziehung zum (potenziellen) Kunden
- Optimierung des Kundennutzens

Erzielen Sie die regionale Marktführerschaft!

Auf welche Art und Weise große Firmen viel für den Erfolg Ihrer Verkäufer tun können, möchte ich anhand eines Beispiels verdeutlichen. Gleichzeitig werden Techniken vorgestellt, mit denen *Sie* als Verkäufer Ihre Kunden „magnetisch anziehen" können.

Kürzlich hat sich die zur zweitgrößten deutschen Versicherungsgruppe, dem Ergo-Konzern, gehörende Victoria Versicherung des Themas Altersversorgung angenommen. Die Victoria ging dazu mit T-Online eine strategische Partnerschaft ein. Jeder T-Online-Kunde wird künftig beim Einloggen in das Internet automatisch auf eine Website mit der Adresse *www.foerderrente.de* hingewiesen. Durch diesen Link gelangt er zu der Website von Victoria, auf der er Informationen zur staatlich geförderten Rente erhält. Monatlich greifen etwa 400 Millionen Nutzer auf die Website von T-Online zu. Die entsprechenden Anfragen werden an den Außendienst weitergeleitet.

Werden Sie Erster in einer Kategorie
Warum das Erreichen dieses Ziels so ungeheuer wichtig für Ihren künftigen Erfolg im Verkauf ist, macht folgendes Frage-Antwort-Spiel deutlich:

- Wer betrat als erster Mensch den Mond?
  Richtig, das war Neil Armstrong.
  Und wie hieß der Mensch, der als Zweiter den Mond betrat?
- Wie hieß der Arzt, dem es als erstem Chirurgen gelang, erfolgreich ein menschliches Herz zu verpflanzen?
  Genau, er hieß Christiaan Barnard.
  Wissen Sie, wie der Arzt hieß, dem als Zweitem diese Meisterleistung gelang?
- Welcher Mensch verdiente bislang mit Software das meiste Geld?
  Ganz klar, Bill Gates.
  Wie heißt eigentlich der zweitreichste Software-Entwickler?

Sofern Sie die jeweils zweite Frage ebenfalls beantworten konnten, sind Sie den allermeisten Menschen in puncto Allgemeinbildung um einiges voraus. Es bleibt die Erkenntnis: Die Nummer eins auf einem Gebiet zu werden, macht jemanden vielleicht sogar weltweit bekannt. Jedoch geben wir dem Vierten in jeder olympischen Disziplin – obwohl dessen Leistung besser ist als die von Milliarden anderer Menschen – noch nicht einmal eine Medaille.

Für Verkäufer ist es allerdings eine wohl nicht zu bewältigende Aufgabe, *weltweit* die Nummer eins zu werden. Aber Sie als Verkäufer sollten daran arbeiten, eine *regionale* Marktführerschaft zu erreichen, damit die Mund-zu-Mund-Propaganda Ihrer vielen zufriedenen Kunden so gut funktioniert, dass Sie von diesem „Magnet-Marketing" profitieren werden. Die folgenden drei Beispiele zeigen, wie es funktionieren kann.

Beispiel: Magnet-Marketing in der Zielgruppe „Apotheker"

Bernd Preininger hat diese nicht einfache Aufgabe bei seiner Zielgruppe perfekt gelöst.

Der Österreicher stieg 1987 im Alter von 26 Jahren in die Versicherungsbranche ein. Er begann als Partner von Dietmar Berger, einem Versicherungsmakler, der konzernunabhängig Produkte anbietet, und übernahm von diesem zwecks Betreuung unter anderem eine Kundenverbindung zu einem Apotheker. Diesem bot er maßgeschneiderte Versicherungslösungen an. Außerdem begeisterte er ihn durch sein Engagement. Herr Preininger hatte Glück. Sein Kunde wurde kurz darauf Präsident der Steirischen Apothekerkammer und die Firma von Herrn Preininger und Herrn Berger erhielt eine Empfehlung der Apothekenkammer. Diese Klientel interessierte Herrn Preininger außerordentlich. Wenn Apotheker sich selbständig machen, benötigen sie viel Kapital, was in der Regel eine hohe Verschuldung nach sich zieht. In diesen Fällen kann Herr Preininger durch maßgeschneiderte Finanzierungslösungen und beste Konditionen helfen. Bestehen die Apotheken aber schon länger, sind die Inhaber in aller Regel beruflich arriviert und häufig vermögend. Sie haben dann in der Regel einen hohen Bedarf, das Geschaffene abzusichern. Herr Preininger analysiert die bestehenden Verträge seiner Kunden und zeigt Vergleichsmöglichkeiten auf, bei denen seine Kunden Geld sparen.

Bernd Preininger: „Kaltakquise ist mir völlig fremd. Am Anfang war ich nur in der Steiermark tätig und wurde hier ständig von einem Apotheker zum nächsten weiterempfohlen. Mittlerweile sind wir österreichweit tätig und haben unser Ziel, hundert Apotheken in ganz Österreich zu versichern, längst übertroffen, da wir im ganzen Land mittlerweile einen Marktanteil von rund fünfzig Prozent in unserer Zielgruppe besitzen."

Herr Preininger und Herr Berger übernahmen keine herkömmlichen Produkte der Versicherungswirtschaft, sondern kreierten selbst in Zusammenarbeit mit Versicherern zielgruppenspezifische Lösungen, z. B. Entschädigungen bei Medikamentenverderb. Wenn man Herrn Preininger auf die Konkurrenzsituation in seiner Zielgruppe anspricht, kommt die erstaunliche Antwort: „Immer wieder kamen Maklerkollegen auf eine ähnliche Idee und haben unsere alten Produkte kopiert. Da wir allerdings unsere Konzepte permanent weiterentwickelt haben, hatten wir immer einen Vorsprung. Insofern gab es nie ernsthafte Konkurrenz."

Um seinen Bekanntheitsgrad weiter zu steigern, hält Herr Preininger zu Themen wie „Geldanlage", „Kreditabsicherung" etc. Vorträge bei Apothekervereinigungen. Herr Preininger und Herr Berger schreiben außerdem regelmäßig in Apotheker-Fachzeitschriften Gastkolumnen.

Sie sehen, dass es sich lohnt, konsequent und hart an seinem Expertenstatus zu arbeiten und dabei immer die Interessen seiner Kunden im Fokus zu haben. Denn:

Die erfolgreichsten Networker bekommen die wertvollsten Empfehlungen der Meinungsführer nicht etwa für ihr Produkt, sondern für das, was sie weit über die üblichen Dienstleistungen hinaus für ihre Kunden tun.

Und in der Finanzdienstleistungs-Branche ist es – wie in anderen Branchen auch – leider immer noch üblich, seine meist kurzfristigen materiellen Ziele zu verfolgen, statt zu erkennen, dass der wirtschaftliche Erfolg des Verkäufers nur dann sicher ist, wenn er *immer* die Interessen seiner Kunden im Auge hat.

Beispiel: Käsemanufaktur – Erfolg in der Marktnische

Die nordbadische Stadt Hockenheim ist weltberühmt für ihren Formel-1-Parcours, aber in Bezug auf ihr Angebot an guten Restaurants eine kulinarische Einöde. Ausgerechnet hier machte sich 1996 Lothar Müller im früheren „Tante Emma-Laden" seiner Mutter mit seiner „Käsemanufaktur" selbständig. Müller produziert heute mit inzwischen sieben Mitarbeitern dreißig eigene, ganz hervorragende Käsesorten, die in ganz Deutschland per Versand an den Einzelhandel und an die Top-Gastronomie verkauft werden. Lothar Müller, gelernter Diplom-Molkereimeister und Betriebswirt, hatte vor seiner Firmengründung seinen Manager-Job in einer mittelständischen Firma, die Käseverpackungen herstellt, quittiert, weil er endlich seine Vision vom eigenen Betrieb realisieren wollte.

Sein Erfolgsrezept lautet: beste Produktqualität, intelligentes Marketing, geschickte Selbstvermarktung. Obwohl sein Betrieb noch relativ jung ist, erhielt Lothar Müller bereits zahlreiche Auszeichnungen, z. B. vom „Salone del gusto" in Turin oder vom Gourmet-Magazin „Feinschmecker". Die Zeitung des deutschen Hotel- und Gaststättenverbandes verlieh ihm den Titel „Der Käsepapst".

Als Herr Müller durch die ausgezeichnete Qualität seiner Produkte in Fachkreisen bereits bekannt geworden war, zog sein „Magnet-Marketing" auch die breite Masse in seinen Laden. Ein Übriges leisten Fernseh- und Radiosendungen, in denen er von seinen Käsekreationen schwärmt. Das neueste Projekt des Hobby-Schlagzeugers ist ein zur nächsten Buchmesse erscheinendes Standardwerk zum Thema „Käse".

Kürzlich belieferte Lothar Müller das bekannteste deutsche Golfturnier, die SAP-Open. Der Eigentümer der amerikanischen Einzelhandelskette Wal-Mart, Sam Walton, ließ sich von Herrn Müller mehrfach dessen „Hockenheimer Roten" auf den Teller nachlegen und schlug ihm schließlich vor, diesen in die USA zu exportieren. Müller lehnte pikiert ab mit dem Argument, dies sei aus Haltbarkeitsgründen nicht möglich, ohne dass der Käse geschmacklich Schaden nähme. Der Milliardär Walton entgegnete trocken: „Mr. Müller, *nothing* is impossible!"

Beispiel: Expertenstatus der Ampel-Versicherung in der Zielgruppe „Handwerk"

Das Produkt ist unwichtig,
das Image ist entscheidend geworden!
Herbert Marshall McLuhan

Auch wenn Sie nicht Vorstand eines großen Unternehmens sind, sondern Einzelkämpfer im Verkauf, auch wenn Sie keinen Expertenstatus für eine Firma mit mehreren tausend Mitarbeitern aufbauen wollen oder müssen, wird das folgende Beispiel Ihnen helfen, bei Ihren täglichen Aktivitäten im Vertrieb gewohnte Denkmuster in Frage zu stellen und Vertriebs-Konzepte zu entwickeln, die neu und viel versprechend sind.

Vor rund einhundert Jahren, als an einen Sozialstaat in der heutigen Form noch gar nicht zu denken war, gründete die Vollversammlung der Dortmunder Handwerkskammer die Ampel-Versicherung. Die Ampel-Versicherung war zunächst eine Selbsthilfeeinrichtung, deren Mitglieder sich für den Fall, dass sie erkrankten oder einen Unfall hatten, versichern konnten. Heute gehört die Ampel-Versicherung, die sich auf die Zielgruppe „Handwerk" spezialisiert hat, in Deutschland zu den größten Unternehmen in der Branche.

Im Folgenden werde ich ausführen, wie der Expertenstatus der Ampel-Versicherung in der Zielgruppe „Handwerk" *regional* aufgebaut wurde. Allerdings möchte ich zuvor noch einige Erläuterungen zu den Aufgabenbereichen der deutschen Handwerkskammern vorausschicken.

Die wichtigsten Aufgaben und Kernkompetenzen der 55 deutschen Handwerkskammern sind:

▶ Überbetriebliche Ausbildung von Lehrlingen in Bildungs- und Technologiezentren
▶ Weiterbildung von Gesellen durch Seminare
▶ Weiterbildung von Handwerkern zu „Betriebswirten des Handwerks"
▶ Ausbildung zum Handwerksmeister

An jedem Ort, an dem sich eine deutsche Handwerkskammer befindet, ist auch die Ampel-Versicherung mit einer Filialdirektion präsent. Diese Filialdirektionen werden von den örtlichen Niederlassungsleitern, den Filialdirektoren, geführt. Diese Direktoren führen neben den Mitarbeitern in der Verwaltung 50 bis 100 Verkäufer im Außendienst.

In mehreren Schritten zum einzigartigen Problemlöser im Handwerk

▶ Die Ampel-Versicherung, ein Versicherungsverein auf Gegenseitigkeit, der quasi seinen Mitgliedern, also den Versicherten, gehört, beruft die Chefs der Handwerkskammern, die Hauptgeschäftsführer, in ihre Mitgliedervertretung. In diesem Gremium werden spezifische Probleme der Absicherung von Menschen, die im „Handwerk" tätig sind, diskutiert und durch die Ampel-Versicherung in Zusammenarbeit mit der Mitgliedervertretung qualifiziert gelöst. Präsidenten von Handwerkskammern werden in den Aufsichtsrat der Ampel-Versicherung berufen.

▶ Die Ampel-Versicherung und die örtliche Handwerkskammer gründen ein gemeinsames regionales *Versorgungswerk*. Dieses Versorgungswerk manifestiert sich in einem Gruppenversicherungsvertrag, über den sich Handwerksmeister, deren Mitarbeiter und Familienangehörige zu Sonderkonditionen bei der Ampel-Versicherung gegen alle betrieblichen und privaten Risiken absichern können.

▶ Die Handwerkskammer stellt den Außendienstmitarbeitern der Filialdirektionen der Ampel-Versicherung Ausweise zur Verfügung, damit sich diese bei der Akquise als Beauftragte der Selbsthilfeeinrichtung des Handwerks legitimieren können. Die Ausweise werden vom Präsidenten und vom Hauptgeschäftsführer der Kammer unterschrieben.

▶ Der Filialdirektoren der Ampel-Versicherung und ihre Verkaufsleiter werden von der Handwerkskammer regelmäßig zu Veranstaltungen eingeladen. Sie nehmen z. B. teil an Feiern, bei denen Auszubildende am Ende ihrer Lehre von den Pflichten der Lehre „freigesprochen" werden. Die Handwerkskammer lädt die Repräsentanten der Ampel-Versicherung ebenfalls zu Meisterfeiern ein, bei denen frisch gebackene Handwerksmeister in den Meisterstand erhoben werden. Ferner werden die Repräsentanten zu Tagungen und sonstigen Veranstaltungen geladen.

▶ Die Ampel-Versicherung und die Handwerkskammer betreiben auch gemeinsames Networking. Der Präsident der Handwerkskammer lädt zum Beispiel alljährlich die regionalen Größen aus Politik und Wirtschaft in einen Schützen-Verein ein. Bei dieser Gelegenheit kann man in zwangloser Atmosphäre ohne Schlips und Kragen Kontakte knüpfen. Das Schießen selbst ist dabei nur Nebensache. Zu dieser hochkarätigen Veranstaltung werden auch ein Vorstandsmitglied der Ampel-Versicherung und ein regional verantwortlicher Filialdirektor eingeladen.

Umgekehrt lädt die Ampel-Versicherung alljährlich die wichtigsten Repräsentanten des Handwerks – den Präsidenten, den Hauptgeschäftsführer, die Kreishandwerksmeister und die Obermeister der Innungen – zu einer stilvollen Weihnachtsfeier ein.

▶ In der Stadt, in der sich die Handwerkskammer befindet, findet alljährlich eine große Verbraucherschau statt, die von mehreren hunderttausend Besuchern besucht wird. Die Ampel-Versicherung ist das einzige Unternehmen, das nicht dem Handwerk angehört und trotzdem seine Dienstleistungen und Produkte in der Halle der Handwerker vorstellen kann.

▶ Inzwischen wurde ein stabiles Netzwerk zwischen der Ampel-Versicherung und der Handwerkskammer geschaffen, das weiterhin dafür sorgen wird, dass

- Handwerker maßgeschneiderte Problemlösungen zu Sonderkonditionen erhalten können und
- die Ampel-Versicherung einen hohen Umsatz in der Zielgruppe „Handwerk" generieren wird.

Der Verkauf der Produkte der Ampel-Versicherung über das Versorgungswerk sieht in der täglichen Praxis wie folgt aus:

▶ Der Filialdirektor der Ampel-Versicherung und seine Führungskräfte halten auf Innungsversammlungen Vorträge, in denen sie über die Vorteile, die Handwerker genießen, wenn sie ihren Versicherungsschutz bei der Ampel-Versicherung eindecken, sprechen.

▶ Die Obermeister, das heißt: die Chefs der Innungen, werden von der Ampel-Versicherung intensiv beraten und möglichst versichert. Damit ist gewährleistet, dass sich die Obermeister in hohem Maße mit der Versicherung identifizieren.

▶ Die Obermeister werden gebeten, ein Empfehlungsschreiben für die Ampel-Versicherung zu verfassen, in welchem den Mitgliedern der jeweiligen Innung eine Beratung durch Außendienstmitarbeiter der Ampel-Versicherung empfohlen wird.

▶ Mit diesem Empfehlungsschreiben gehen die Außendienstmitarbeiter dann gezielt auf die Innungsmitglieder zu.

Beispiel: Aufbau des Expertenstatus in einer neuen Versicherungszielgruppe

Wenn Sie in einem Versicherungsvertrieb tätig sind und für sich eine Zielgruppe definiert haben, die zu bearbeiten sich lohnt, könnten Sie Ihren Expertenstatus – beispielsweise in der Zielgruppe „Dachdecker" – folgendermaßen aufbauen:

▶ Sie nehmen Kontakt mit einem Dachdecker auf, den Sie vielleicht bereits kennen, da er beispielsweise das Dach Ihres eigenen oder eines benachbarten Eigenheimes gedeckt hat.

▶ Sie informieren sich bei diesem Dachdecker über die Probleme seiner Zielgruppe und fragen ihn nach Veröffentlichungen und Fachzeitschriften, die von Dachdeckern gelesen werden.

▶ Danach erstellen Sie ein individuelles Versorgungskonzept für die Zielgruppe „Dachdecker", die logischerweise einer enorm hohen Unfallgefahr ausgesetzt ist.

▶ Nun rufen Sie den Chefredakteur der Fachzeitschrift für das Dachdeckerhandwerk an und teilen ihm mit, dass Sie ein individuelles Versorgungskonzept für die Zielgruppe „Dachdecker" entwickelt haben. Sie bieten ihm an, dieses Konzept in seiner Fachzeitschrift zu veröffentlichen. Da durch Ihr Konzept

- Dachdecker Geld sparen werden und zudem
- besser abgesichert sein werden,

wird der Chefredakteur wohl zustimmen, zumal seine Reputation bei seinen Lesern durch die Veröffentlichung Ihres Artikels steigen wird.

▶ Wenn Ihr Konzept publiziert wurde, haben Sie bereits viel für Ihr Renommee getan. Nun nehmen Sie Kontakt zu dem Landesinnungsmeister, also zu *dem* Ehrenamtsträger im Dachdeckerhandwerk in Ihrem Bundesland auf. Sie teilen ihm mit, dass die Dachdecker Ihre Zielgruppe sind und dass die Zusammenarbeit mit Ihnen für Dachdecker folgenden Nutzen hat:

- Dachdecker können durch Ihre Beratung viel Versicherungsprämie einsparen,
- Dachdecker erhalten durch Ihre Beratung eine hervorragend maßgeschneiderte Versorgung und
- ein von Ihnen engagierter Marketingspezialist hält auf dem nächsten landesweiten Meeting der Dachdecker einen kostenlosen Vortrag.

▶ Bei diesem Meeting bitten Sie den Landesinnungsmeister, Sie mit Unternehmern, die im Dachdeckerhandwerk tätig sind, bekannt zu machen. Mit diesen tauschen Sie Ihre Visitenkarten aus.

▶ Nach dieser Veranstaltung erbitten Sie vom Landesinnungsmeister eine Teilnehmerliste, damit Sie im Bilde sind, wer bei der Veranstaltung anwesend war.

▶ Nun müssen Sie das Netzwerk der Dachdecker kennen lernen. Welche Steuerberater, Zulieferer, Rechtsanwälte und andere Berufsgruppen haben sich ebenfalls auf die Zielgruppe „Dachdecker" spezialisiert?

▶ Nun vereinbaren Sie Termine mit den Dachdeckern, die auf der Versammlung zugegen waren und beraten diese.

▶ Nehmen wir an, dem Dachdeckerhandwerk drohe bundesweit Unbill durch eine gesetzliche Vorschrift, die besagt, dass das von Dachdeckern am Bau bevorzugt verwendete Holz mit einer Sondersteuer belegt werden soll. Sie können sich nun zum „Spokesman of the industry", also zum „Sprecher der Industrie", machen, indem Sie einen offenen Brief an die örtlichen Mitglieder des Bundestages schreiben und diese auffordern, dieses Gesetz zu verhindern. Sie bitten diese Mitglieder des Bundestages, Ihren Vorschlag dem Bundeskanzler vorzutragen. Von diesem Schreiben schicken Sie eine Kopie an alle zweitausend Innungsmitglieder im Dachdecker-Handwerk in Ihrem Bundesland.

Erlauben Sie mir nun eine rhetorische Frage: Können Sie sich ernsthaft vorstellen, dass Dachdecker sich künftig *nicht* bei Ihnen versichern würden?

Auf die oben beschriebene Weise könnten Sie es erreichen, dass Sie bei einer Zielgruppe in die Pole Position gelangen. Der Weg in diese Pole Position ist weit, aber erreichbar. Die Zukunft wird uns Verkäufern viel abverlangen, denn immer schneller voranschreitende Entwicklungen und Neuerungen zwingen uns, Schritt zu halten. Jedoch bietet uns die Dynamik der Märkte auch die Möglichkeit, uns von der Masse der Verkäufer abzuheben. Wer seine Chancen erkennt und sich als Verkäufer mit ganz speziellem Fachwissen und Kompetenzen im Markt platziert und seine Networkingfähigkeiten einsetzt, sichert sich frühzeitig einen Platz unter den Ersten.

Der künftige wirtschaftliche Erfolg gehört *den* Verkäufern, die Zielgruppenbesitzer sind und sich auch als solche definieren. Wenn *Sie* Ihre Zielgruppe tatsächlich „besitzen", dann haben Sie in der Vergangenheit wirklich so viel dafür getan, dass ein Mitbewerber Ihnen Ihr „Eigentum" so schnell nicht streitig machen kann.

Verkäufer, die in Netzwerk-Kategorien denken und arbeiten, werden immer bessere Ideen, mehr Kontakte und deshalb weit weniger Probleme, erheblich mehr Freude am Beruf und deutlich mehr Verkaufserfolge haben als Kollegen, die nur bis zum nächsten Feierabend denken und jeden Morgen immer wieder bei null anfangen. Den Expertenstatus im Verkauf haben daher auch immer nur Top-Networker inne.

Checkliste: Mein Weg zum Expertenstatus

1. Welches Image habe ich meiner Meinung nach in Bezug auf die folgenden Eigenschaften bei meinen Kunden auf einer Skala von 1 (= unbefriedigend) bis 10 (= exzellent)?

- Zuverlässigkeit

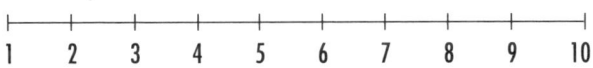

  1 2 3 4 5 6 7 8 9 10

- Kundennutzen vor Eigennutzen

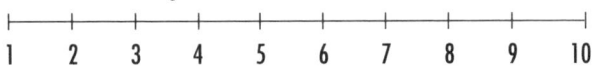

  1 2 3 4 5 6 7 8 9 10

- Hilfsbereitschaft

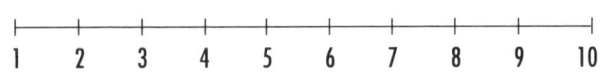

  1 2 3 4 5 6 7 8 9 10

- Nutzen bieten

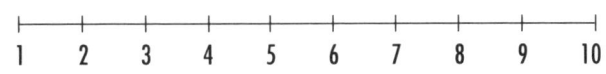

  1 2 3 4 5 6 7 8 9 10

- Schnelligkeit

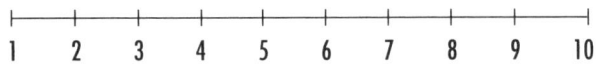

  1 2 3 4 5 6 7 8 9 10

- Freundlichkeit

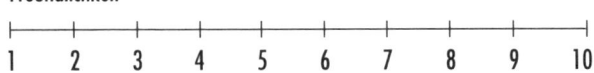

  1 2 3 4 5 6 7 8 9 10

- Kreativität

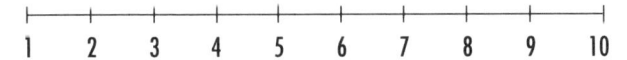

  1 2 3 4 5 6 7 8 9 10

- Seriosität

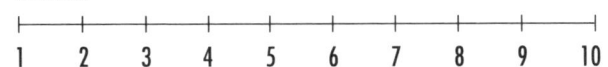

  1 2 3 4 5 6 7 8 9 10

- Kundenorientierung

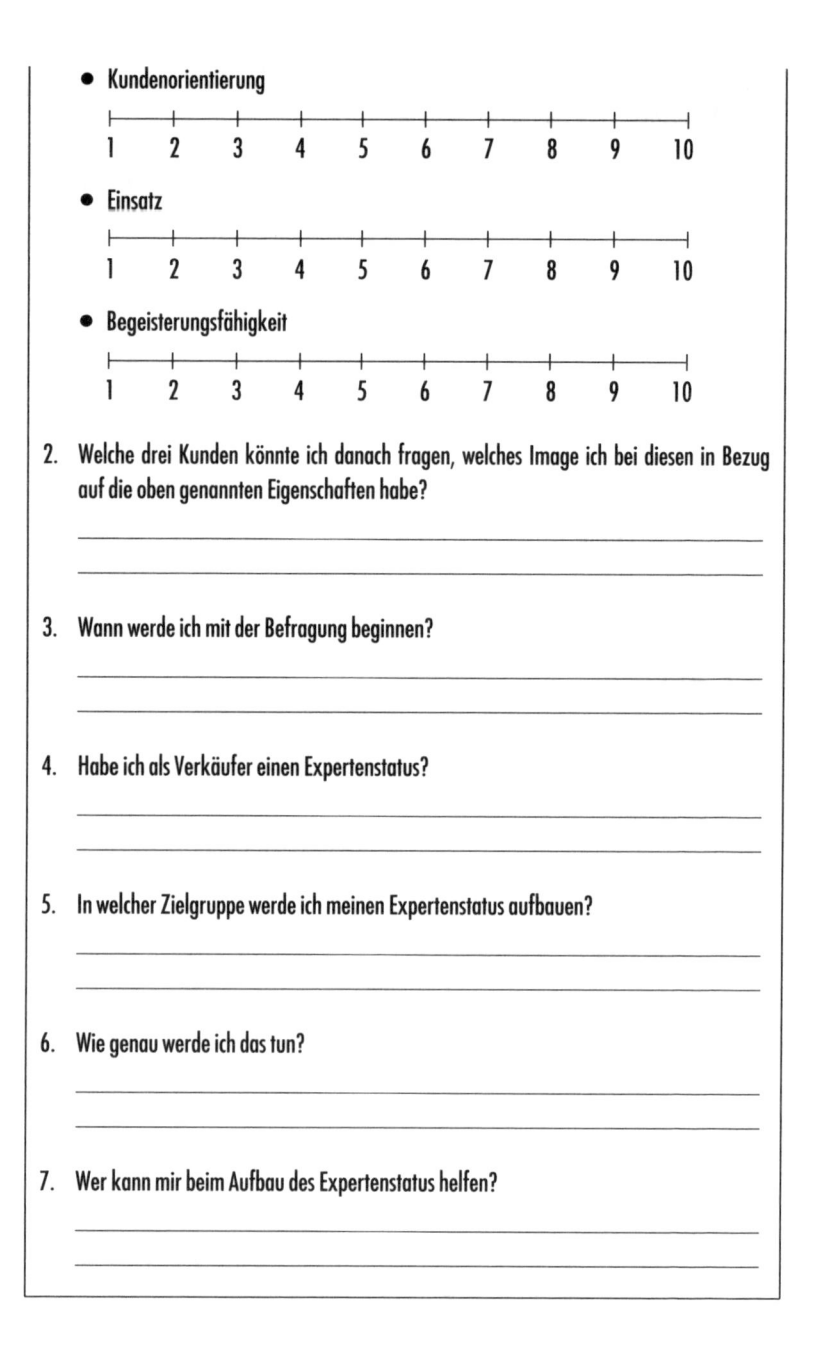

  |—+—+—+—+—+—+—+—+—|
  1   2   3   4   5   6   7   8   9   10

- Einsatz

  |—+—+—+—+—+—+—+—+—|
  1   2   3   4   5   6   7   8   9   10

- Begeisterungsfähigkeit

  |—+—+—+—+—+—+—+—+—|
  1   2   3   4   5   6   7   8   9   10

2. Welche drei Kunden könnte ich danach fragen, welches Image ich bei diesen in Bezug auf die oben genannten Eigenschaften habe?

   _____

   _____

3. Wann werde ich mit der Befragung beginnen?

   _____

   _____

4. Habe ich als Verkäufer einen Expertenstatus?

   _____

   _____

5. In welcher Zielgruppe werde ich meinen Expertenstatus aufbauen?

   _____

   _____

6. Wie genau werde ich das tun?

   _____

   _____

7. Wer kann mir beim Aufbau des Expertenstatus helfen?

   _____

   _____

Nachwort

Statt langer Nachrede möchte ich Ihnen folgende Geschichte mit auf den Weg geben.

Die Geschichte vom kleinen Verkäufer

„Guten Tag!", sagte der alte weise Kunde.
„Komm, wir machen ein Geschäft!", schlug ihm der kleine Verkäufer vor.
„Ich kann mit dir noch keine Geschäfte machen", sagte der Kunde. „Wir haben noch keine Beziehung."
„Ah, Verzeihung", sagte der kleine Verkäufer, „Was bedeutet das: Beziehung?"
„Es scheint fast, als sei dies eine in Vergessenheit geratene Sache", sagte der Kunde. „Es bedeutet, sich vertraut zu machen."
„Sich vertraut machen?", stutzte der kleine Verkäufer.
„Gewiss", sagte der Kunde. „Wenn wir eine Beziehung haben, würden wir einander wertschätzen. Ich werde für dich wichtig sein und du wirst für mich wichtig sein in der Geschäftswelt", erwiderte er.
„Mein Leben ist eintönig, ich verhandle mit vielen Kunden und meine Geschäftsleitung gibt mir Ziele. Glaube mir, alle Verkäufer gleichen einander und alle Geschäftsleitungen gleichen einander."
„Aber, wenn wir eine gute Beziehung haben, können wir beide erfolgreich sein. Wir lernen unserer beider Ideen und Strategien kennen. Deine Besuche werden ein kreativer Prozess sein."

„Ich möchte wohl", antwortete der Verkäufer, „aber ich habe es eilig. Ich muss meine Vorgaben erfüllen. Im Geschäftsleben hat man keine Zeit mehr, Beziehungen aufzubauen. Was zählt, ist der schnelle Erfolg."

„Du musst sehr geduldig sein", antwortete der Kunde. „Wir werden miteinander reden und ich werde Dich genau beobachten. Du wirst nicht übertreiben, Du wirst ehrlich sein. Du wirst keine Floskeln sagen. Floskeln sind Quellen von Missverständnissen. Bei jedem Besuch werden wir uns ein bisschen näher kommen."

So machten sich der kleine Verkäufer und der alte, weise Kunde miteinander vertraut.

„Ich will Dir noch ein Geheimnis verraten", sagte eines Tages der Kunde. „Das Wesentliche des Geschäfts steht nicht auf dem Papier, es ist nicht Dein Angebot, es ist nicht der Preis, sondern die Beziehung. Der Austausch von Ideen, das gemeinsame Erarbeiten von Lösungen. Das Wesentliche lässt sich nicht in Zahlen und Verträgen ausdrücken."

„Das Wesentliche lässt sich nicht in Zahlen und Verträgen ausdrücken", wiederholte der kleine Verkäufer, um es sich zu merken.

„Du bist zeitlebens für das verantwortlich, was Du Dir vertraut gemacht hast. Eine Geschäftsbeziehung ist eine Verpflichtung", sagte der alte Kunde.

– frei nach Antoine de Saint-Exupéry (aus: Sales Profi 1998) –

Knüpfen Sie also Ihr Beziehungsnetz!

Ich wünsche Ihnen von ganzem Herzen viel Erfolg und viel Freude bei der Ausübung Ihres schönen Berufs.

Ihr Jürgen Hauser

Herzlichen Dank!

An dieser Stelle ist es mir ein herzliches Bedürfnis, meinem Lehrer im „Fach Networking" zu danken, ohne dessen Initialzündung ich dieses Buch nicht hätte schreiben können: Alexander Christiani ist einer der renommiertesten deutschen Persönlichkeits- und Erfolgstrainer und Autor beim Gabler-Verlag („Weck den Sieger in dir!"). Mehrere hunderttausend Menschen besuchten in den letzten Jahren Christianis Seminare – darunter auch ich. Alexander Christianis Ideen zum Thema „Networking" faszinierten mich. Durch ihn inspiriert probierte ich im Laufe der letzten Jahre viele Networking-Strategien aus, erweiterte diese um eigene Ideen und machte „Networking" schließlich mehr und mehr zu meiner eigenen „Erfolgs-Philosophie". Ich danke Alexander Christiani herzlich für den vermittelten Input!

Sehr herzlich danken möchte ich auch meiner Frau Pia und meinem Sohn Marius – meinem tragfähigsten Netz –, die großzügig darüber hinwegsahen, dass ich einen erheblichen Teil der für die Familie reservierten Zeit in dieses Buch investierte.

Ein Dankeschön gilt auch dem Autor des Vorworts, meinem Freund Professor Dr. Niclas Schaper, dem Inhaber des Lehrstuhls für Arbeits- und Organisationspsychologie der Universität Paderborn, der eine hohe Kompetenz in Sachen „effektives Arbeiten" besitzt.

Ein besonderes Dankeschön gilt all den Menschen, die mich bei meiner Existenzgründung nach Kräften unterstützt haben. Von ihnen erhielt ich eine Menge fachkundiger Tipps, wurde an Experten weitergereicht und viele Menschen investierten etliche Stunden der unentgeltlichen Zusammenarbeit mit mir. Es ist schön zu sehen, dass im Leben alles zurückkommt, nicht nur das Schlechte, sondern auch das Gute.

Ein herzlicher Dank gilt auch Margit Schlomski, Lektorin beim Gabler-Verlag, die die Idee zur Realisierung dieses Buches hatte. Sie hat mich mit vielen konstruktiven Anregungen unterstützt.

Last but not least möchte ich mich bei Gerlind Abelshauser bedanken, die diesen Text mit bemerkenswerter Zuverlässigkeit und Geduld zu Papier gebracht hat.

Literaturhinweise und Quellennachweis

Brecher, Erwin; Küppers, Topsy: **Jedes Wort Gedankensport**, Wien 1995.
Brendl, Erich: **Clever manipulieren**, Wiesbaden 2004
Canacakis, Jorgos: **Ich sehe Deine Tränen**, Stuttgart 1987.
Christiani, Alexander: **Networking als Weg zum Kunden,** Köln 1997.
Ebeling, Peter: **Pfiffige Zitate für Verkäufer**, Landsberg am Lech 1993.
Ebeling, Peter: **Die Kunst, spielerisch zu arbeiten,** München, Landsberg am Lech 1993.
Frese, Petra: **Das Buch vom 21. September**, Gütersloh, München 1997.
Geffroy, Edgar K.: **Das einzige was stört, ist der Kunde**, Landsberg am Lech 2000.
Hacke, Axel: **Der kleine Erziehungsberater**, München 1992.
Kremer, Alfred J.: **Reich durch Beziehungen**, Landsberg am Lech 2000.
Mackay, Harvey: **Networking – Das Buch über die Kunst, Beziehungen aufzubauen und zu nutzen**, Düsseldorf, München 1997.
Peters, Tom: **Der WOW!-Effekt**, Frankfurt/M. 1995.
Schmitt-Kilian, Jörg: **Vom Junkie zum Ironman**, Stuttgart 2000.
Seidel, Eckhard: **Erfolg durch Nutzenbieten**, Bad Alexandersbad 1996.
von Turnitz, Georg: **Die Welt in der Anekdote**, München 1997.
Williams, Arthur: **Das Prinzip Gewinnen**, Landsberg am Lech 2000.

Zeitschriften:

Deutscher Vertriebs- und Verkaufsanzeiger
Focus (46/1996)
Frankfurter Allgemeine Zeitung
Frankfurter Allgemeine Sonntagszeitung (9.1.2005)
Manager Magazin (3/1997)
Manager Seminare (Januar 2005)
Men's health (11/2000)
Playboy (12/2000)
Psychologie heute (Mai 2001)
Sales Business (4/2001)
Sales Profi (1/1998)
Stern (37/2000)
Wirtschaftswoche (2.1.1997)

Der Autor

Jürgen Hauser ist Versicherungskaufmann. Nach seiner Ausbildung machte er sich selbstständig und betrieb fünf Jahre lang erfolgreich eine Versicherungsagentur. Danach war er als Vertriebsleiter und Direktionsbeauftragter tätig. In den letzten zehn Jahren leitete er zwei Bezirksdirektionen namhafter Versicherungsgesellschaften.

Seit 2002 ist er Inhaber einer eigenen Versicherungsagentur sowie selbstständiger Unternehmensberater und Trainer.

Jürgen Hauser bietet auch Seminare, unter anderem zum Thema Networking, an.

Wenn Sie Kontakt mit dem Autor aufnehmen möchten, wenden Sie sich bitte an:

*train***coach***consult*:**hauser**
Jürgen Hauser
Schwetzinger Straße 18a
68766 Hockenheim

Telefon (0 62 05) 28 42 31
Telefax (0 62 05) 28 42 32
E-Mail: hauser@tcc-hauser.de
www.tcc-hauser.de

Liebe Leserin, lieber Leser,

erinnern Sie sich noch an die Geschichte

„Tatort: Felix Huby mit der Schere"

Ganz sicher haben auch Sie aus Ihrem beruflichen Erfahrungsschatz die eine oder andere Erfolgsstory, die sich aufzuschreiben lohnt, weil andere Verkäufer aufgrund der „Aha"- und Lerneffekte aus Ihrer Geschichte profitieren werden. Wenn Sie Lust haben, ein solches Erlebnis aufzuschreiben und mir zuzuschicken, werde ich das eingehende Material sichten, ordnen und die schönsten Erfolgsstorys in einem Buch herausgeben.

Schreiben Sie mir an folgende Anschrift:

*train***coach***consult*:**hauser**
Jürgen Hauser
Schwetzinger Straße 18a
68766 Hockenheim

Telefon (0 62 05) 28 42 31
Telefax (0 62 05) 28 42 32
E-Mail: hauser@tcc-hauser.de

Ich freue mich auf *Ihre* Erfolgsstory!

Ihr Jürgen Hauser